Grundlagen der Luxus- und Premiummarkenführung

Verena König

Grundlagen der Luxus- und Premiummarkenführung

Strategie – Instrumente – Umsetzung

Verena König
Fakultät Betriebswirtschaftslehre
Duale Hochschule Baden-Württemberg
Mannheim, Deutschland

ISBN 978-3-658-10745-1   ISBN 978-3-658-10746-8   (eBook)
DOI 10.1007/978-3-658-10746-8

Die Deutsche Nationalbibliothek verzeichnet diese Publikation in der Deutschen Nationalbibliografie; detaillierte bibliografische Daten sind im Internet über http://dnb.d-nb.de abrufbar.

Springer Gabler
© Springer Fachmedien Wiesbaden GmbH 2017
Das Werk einschließlich aller seiner Teile ist urheberrechtlich geschützt. Jede Verwertung, die nicht ausdrücklich vom Urheberrechtsgesetz zugelassen ist, bedarf der vorherigen Zustimmung des Verlags. Das gilt insbesondere für Vervielfältigungen, Bearbeitungen, Übersetzungen, Mikroverfilmungen und die Einspeicherung und Verarbeitung in elektronischen Systemen.
Die Wiedergabe von Gebrauchsnamen, Handelsnamen, Warenbezeichnungen usw. in diesem Werk berechtigt auch ohne besondere Kennzeichnung nicht zu der Annahme, dass solche Namen im Sinne der Warenzeichen- und Markenschutz-Gesetzgebung als frei zu betrachten wären und daher von jedermann benutzt werden dürften.
Der Verlag, die Autoren und die Herausgeber gehen davon aus, dass die Angaben und Informationen in diesem Werk zum Zeitpunkt der Veröffentlichung vollständig und korrekt sind. Weder der Verlag noch die Autoren oder die Herausgeber übernehmen, ausdrücklich oder implizit, Gewähr für den Inhalt des Werkes, etwaige Fehler oder Äußerungen. Der Verlag bleibt im Hinblick auf geografische Zuordnungen und Gebietsbezeichnungen in veröffentlichten Karten und Institutionsadressen neutral.

Lektorat: Barbara Roscher, Birgit Borstelmann

Gedruckt auf säurefreiem und chlorfrei gebleichtem Papier

Springer Gabler ist Teil von Springer Nature
Die eingetragene Gesellschaft ist Springer Fachmedien Wiesbaden GmbH
Die Anschrift der Gesellschaft ist: Abraham-Lincoln-Str. 46, 65189 Wiesbaden, Germany

Für Greta Evita

Vorwort

Jedes Mal, wenn ich jemandem in Deutschland erzähle, dass ich mich mit dem Phänomen der Luxusmarke beschäftige, fallen die Reaktionen extrem aus. Von Faszination bis Ablehnung – alles ist dabei. Besonders aber die ablehnende Haltung ist im Gegensatz zu anderen Ländern wie beispielsweise Italien auffällig, ist doch der Wunsch nach Luxus ein Urmotor für den wirtschaftlichen Erfolg.

Im Gegensatz zum Premium-Begriff ist der Begriff Luxus in Deutschland aufgrund historischer und kultureller Hintergründe, z. B. der Luxus ablehnenden Haltung des Calvinismus, negativ besetzt. Und so wundert es kaum, dass sich in Deutschland wenige Gruppen in Wirtschaft und Wissenschaft mit diesem Phänomen beschäftigen. Zwischen diesen Gruppen erfolgt keine Abstimmung und die Interpretation, was unter Luxus zu verstehen sei, ist vielmehr subjektiv und hängt von den jeweiligen Interessen der Gruppen ab. Von Luxus als Kunst, Luxus als Handwerkskunst, Luxus als elitärer Champagnertreff bis hin zu Luxus als Marketingtaktik – alles ist dabei.

Aber Luxus ist etwas ganz anderes und wahrer Luxus ist zudem eher bescheiden. Sicherlich hat er etwas mit Kunst zu tun, lässt sich von ihr inspirieren, aber er ist keine Kunst. Was Luxus wirklich bedeutet, wird erst im Vergleich zum Premium deutlich, jedoch erscheint die Unterscheidung zwischen Luxus- und Premiummarke nicht immer bekannt zu sein. Sowohl Angebote, die regelmäßig und offensiv mit Preisnachlässen werben, als auch Angebote, die mit lauten Logos einen qualitäts- und prestigebewussten Massenmarkt bedienen, werden fälschlicherweise dem Luxussegment zugeordnet. Aber erst ein klares Verständnis für den feinen Unterschied zwischen Premium und Luxus macht den Erfolg einer Marke aus. Dabei haben beide Strategien ihre Vor- und Nachteile.

Im Zentrum des Buchs steht – wie bei all meinen Publikationen – die Identität einer Marke, deren Wirkungsweise sich von der menschlichen Identität ableitet – dem Selbstbild des Menschen. Dabei existiert seit Beginn der Menschheitsgeschichte der tiefe Wunsch eines jeden, sich selbst zu kennen und sich selbst auszudrücken. Bei der Frage nach Identität geht es also immer um das Bild, das ein Mensch von sich selbst hat. Und dieses Bild enthält diejenigen Merkmale, die für einen Menschen in einzigartiger Weise den Charakter des eigenen Selbstbilds ausmachen. Etymologisch leitet sich das Wort Identität vom lateinischen Begriff „idem" her, der „dasselbe" bedeutet. Es geht somit um diejenigen Merkmale des eigenen Bilds, die ein Mensch bei sich selbst langfristig beobachtet und spürt und die ihn von anderen Menschen unterscheiden. Menschen, die eine starke Identität besitzen, werden demnach von ihrem Umfeld als positiv angesehen. Sie haben ein bestimmtes Bild von sich selbst, stehen dazu und bleiben sich selbst treu. Das bemerken andere Menschen und können somit die Handlungen dieser Menschen besser einschätzen, sehen sie folglich als authentisch an und entwickeln eine Wertschätzung ihnen gegenüber. Eine starke Identität kann demnach als Voraussetzung von Wertschätzung durch andere Menschen angesehen werden (Burmann et al. 2015). Das klingt logisch und einleuchtend. Und genauso logisch und einleuchtend ist es bei starken Marken des Luxus- und Premiumsegments.

In diesem Springerlehrbuch werde ich erstmals an Hand meines DIVA-Konzepts für Luxusmarken und meines STAR-Konzepts für Premiummarken die unterschiedlichen Markenprinzipien in diesen Segmenten beschreiben. Dabei gehe ich auf die Besonderheiten der strategischen und der operativen Führung von Premium- und Luxusmarken ein: die Positionierung, das Produktmanagement, das Preismanagement, den Online- und Offline-Vertrieb bzw. die Verkaufsförderung, die Kommunikation (Werbung, PR, Event Management, Social Media) und das Controlling. Zur Unterstützung gebe ich zahlreiche Tipps, wie man eine Premiummarke oder eine Luxusmarke aufbauen kann. Zur Veranschaulichung tragen verschiedene Fallbeispiele u. a. aus der Wohn- und Einrichtungsbranche (z. B. Farrow & Ball; Places of Spirit) bei.

Mein herzlichster Dank gilt an dieser Stelle Frau Barbara Roscher für ihre stets motivierenden Worte und ihr wertvolles Feedback zur Struktur und zum Inhalt des Buchs. Ich danke Frau Birgit Borstelmann für das exzellente Projektmanagement und hervorragende Lektorat meines Buchs. Zu äußerst großem Dank bin ich auch Frau Sarah De Heyn verpflichtet, die mich mit ihren kritischen Gedanken zur Zielsetzung und zum Stil des Buchs sehr unterstützt hat.

Ich widme das Buch meiner Tochter Greta Evita.

Allen Lesern wünsche ich nun spannende und anregende Einblicke in die faszinierende Welt der Premium- und Luxusmarken. Ich freue mich über Feedback und Anregungen für zukünftige Publikationen (Mail an: verena.koenig@dhbw-mannheim.de).

Mannheim, Deutschland Verena König
Februar 2017

Literatur

Burmann, C., Halaszovich, T., Schade, M. F., & Hemmann, F. (2015). *Identitätsbasierte Markenführung: Grundlagen – Strategie – Umsetzung – Controlling*. Wiesbaden: Springer Gabler.

Inhaltsverzeichnis

Teil I Strategische Grundlagen zur Luxus- und Premiummarkenführung

1 Einführung in die Luxus- und Premiummarkenführung 3
- 1.1 Was ist eine Marke? 3
- 1.2 Grundlagen zur Positionierung von Marken 5
  - 1.2.1 Die Markenidentität als Quelle des Markennutzens 5
  - 1.2.2 Positionierung auf Basis des Markennutzens 10
- 1.3 Die Premiummarke ist der STAR, die Luxusmarke ist die DIVA 14
- 1.4 Der STAR-Positionierungsbereich von Premiummarken 16
  - 1.4.1 Funktional: Positionierung auf Basis von hochwertiger, allgemein anerkannter Qualität und populärem Design 16
  - 1.4.2 Symbolisch: Positionierung auf Basis von Aufmerksamkeit und Geltung 17
- 1.5 Der DIVA-Positionierungsbereich von Luxusmarken. 18
  - 1.5.1 Funktional: Positionierung auf Basis von handwerklicher Exzellenz und Originaldesign 18
  - 1.5.2 Symbolisch: Positionierung auf Basis von Individualität und Abgrenzung. 20
  - 1.5.3 Mischstrategien in der Praxis 23
- 1.6 Fallbeispiel 1: Schöner Wohnen versus Places of Spirit 23
- 1.7 Fallbeispiel 2: BMW versus Rolls-Royce 26
- 1.8 FAZ-Interview zu Luxusimmobilien in Deutschland 27
- 1.9 Exkurs: Der Prozess zum Aufbau einer Luxusmarke 29
- 1.10 Lernkontrolle. 33
- Literatur 33

Teil II Operative Grundlagen zur Luxus- und Premiummarkenführung

2 Produktmanagement 39
   2.1   STAR: „Schaffen Sie ein gefälliges Qualitätsprodukt
          mit prominentem Logo!" 39
          2.1.1 Qualität, Modernität und Konformität 40
          2.1.2 Prestige und Logos ohne Risiko 47
   2.2   DIVA: „Kreieren Sie ein außergewöhnliches,
          in Handarbeit gefertigtes Produkt, das eine eigene
          und wiedererkennbare Handschrift hat!" 48
          2.2.1 Unikat, Originaldesign und Entstehungsmythen 48
          2.2.2 Handwerkliche Exzellenz vom Schöpfer persönlich 52
   Literatur 55

3 Preismanagement 59
   3.1   STAR: „Richten Sie sich beim Preis nach der
          Zahlungsbereitschaft Ihrer Fans!" 59
          3.1.1 Einflussfaktoren auf die Preisgestaltung
                 im Premiumsegment 60
          3.1.2 Ermittlung der Zahlungsbereitschaft 61
   3.2   DIVA: „Der Wert spiegelt sich im Preis wider und
          dieser muss kontinuierlich sehr hoch sein!" 63
          3.2.1 Preisradikalität 63
          3.2.2 Preissymbolik 64
   Literatur 65

4 Vertrieb und Verkaufsförderung 67
   4.1   STAR: „Wählen Sie nur Premiumvertriebspartner, aber
          seien Sie verfügbar!" 67
          4.1.1 Dilemma Vertriebspartner 67
          4.1.2 Location, Verfügbarkeit und Social Media 68
   4.2   DIVA „Machen Sie sich rar und lassen sich Zeit,
          aber verführen Sie." 72
          4.2.1 Magie der Seltenheit 72
          4.2.2 Wartelisten, Rituale und Verzauberung am
                 POS und in den sozialen Medien 73
   Literatur 77

5 Kommunikation 79
   5.1   STAR: „Bewerben Sie Ihre Ware signalstark." 79
          5.1.1 Sichtbarkeit und Erfolgsstreben 80
          5.1.2 Codes der Premiumkommunikation und Social Media 82
   5.2   DIVA „Preisen Sie Ihre Leistungen nicht an, sondern
          pflegen Sie Ihren Mythos und Ihre Kunst." 84

		5.2.1	Geschichten, Gerüchte, Mythos, Kunst und Social-Media-Kommunikation	84

	5.2.2	Diskretion, Selbstverständnis und Führungsanspruch	88
5.3	Exkurs: Land Rover – Pflege eines britischen Mythos		90
Literatur			93

6 Als Schlusswort ein Interview mit Dr. Karl Stephan Demmrich zur aktuellen Entwicklung der High-Class Architektur- und Designbranche 97

Teil I
Strategische Grundlagen zur Luxus- und Premiummarkenführung

1 Einführung in die Luxus- und Premiummarkenführung

> **Was Sie in diesem Kapitel erwartet**
> Die Positionierung stellt das Herzstück einer jeden erfolgreichen Luxus- oder Premiummarkenstrategie dar. Schleichen sich hier Fehler ein, scheitert das gesamte Markenkonzept! In diesem Kapitel werden auf Basis des DIVA-Konzepts für Luxusmarken und des STAR-Konzepts für Premiummarken unterschiedliche erfolgsversprechende Optionen der Positionierung vorgestellt. Eine Vielzahl an Beispielen dient zur Vertiefung der Erkenntnisse.

1.1 Was ist eine Marke?

Um zu verstehen, was Premium- und Luxusmarken ausmacht, was ihre Besonderheiten und was ihre Unterschiede sind, ist es zunächst einmal für Sie wichtig zu verstehen, was überhaupt eine Marke ist und wieso eine Investition in Marken sinnvoll ist.

In der Literatur findet man verschiedene Definitionen zum Begriff Marke. Meiner Meinung nach ist die Definition von Burmann et al. (2015) die bislang beste Definition im deutschsprachigen Raum, da sie das Wesentliche der Marke zum Ausdruck bringt. Die Autoren schreiben:

> Eine Marke ist ein Nutzenbündel mit nachhaltiger Differenzierungskraft (Burmann et al. 2015, S. 22 ff.).

Was bedeutet das genau?

Was heißt **nachhaltige Differenzierungskraft**?

Unter **Differenzierungskraft** versteht man, dass sich das Markenangebot langfristig von dem der Konkurrenz **unterscheiden** muss. Sonst spricht man nicht von einer Marke, sondern nur von einem Label (Burmann et al. 2015).

Diese Differenzierungskraft ist das wichtigste Kriterium einer Marke.

▶ Nur wenn sich das Angebot eines Anbieters von dem der Konkurrenz unterscheidet, also differenziert, spricht man von einer Marke, ansonsten von einem Label.

Differenzierungskraft einer Marke – Beispiel Google
Google ist ein exzellentes Beispiel für die nachhaltige Differenzierungskraft einer Marke. Als sich Google im Jahr 1998 als Suchmaschine etablierte, war ein Erfolgsfaktor der clevere Suchalgorithmus; was aber die Marke nachhaltig gestärkt und von der Konkurrenz wie zum Beispiel Yahoo unterschieden hat, war die klare Oberfläche, das minimalistische Design, also das Fehlen von Werbung und nur ein Eingabefenster für die Suche. Dies war und ist die erfolgreiche Differenzierungskraft der Marke Google und macht sie bis heute zum Marktführer.

Differenzierungskraft – Beispiel Ritter Sport
Was hat die Ritter Sport-Schokolade berühmt gemacht? War es wirklich ihr Geschmack? Sicherlich würden viele Verbraucher die Ritter Sport in einem Blindtest nicht von einer Milka-Schokolade unterscheiden können. Es war also nicht der reine Geschmack oder die Qualität, sondern die Verpackung, das quadratische Produktdesign, wodurch Ritter Sport Berühmtheit erlangte.

An dieser Stelle werden Sie sich sicherlich fragen, wieso man überhaupt in diese Differenzierungskraft einer Marke investieren sollte. Wieso ist es eigentlich sinnvoll, eine Marke aufzubauen?

▶ **Der wichtigste Vorteil einer Marke ist, dass sich ein Unternehmen, ein Label etc. damit langfristig gegen einen Preiskampf mit der Konkurrenz schützt.**

Stellen Sie sich vor, Sie stehen in einem Supermarkt vor einem Regal mit Produkten, deren Hersteller Sie nicht kennen. Nach welchen Kriterien gehen Sie nun bei Ihrer Kaufentscheidung vor? Zuerst einmal schauen Sie sich sicherlich die versprochenen Produkteigenschaften an, aber die sind bei den meisten Angeboten ähnlich. Doch was ist dann das nächste Kriterium? Es ist der Preis. Manche von Ihnen wählen nach dem höchsten Preis aus, andere nach dem niedrigsten Preis und die breite Masse richtet sich nach dem mittleren Preis. Egal welches Vorgehen Sie wählen, es bleibt immer der Preis.

Wenn man sich also als Hersteller vor diesem Preiskampf schützen möchte und möglicherweise einen höheren Preis als die Konkurrenz verlangen will, benötigt man eine

Marke, denn eine **Marke schafft Vertrauen und dafür ist der Kunde bereit, einen höheren Preis zu zahlen.**

Daneben gibt es aber noch eine Reihe weiterer Argumente, die für den Aufbau einer Marke sprechen (Meffert et al. 2008; Burmann et al. 2015):

- Es ist einfacher, **neue Produkte unter einem bereits etablierten Markennamen auf den Markt zu bringen,** da die Kunden die Marke bereits kennen und Vertrauen zu ihr aufgebaut haben. So ist dies zum Beispiel bei anerkannten Automobilmarken wie Porsche der Fall.
- Es ist einfacher, **Bedürfnisse nach dem eigenen Angebot** durch eine klare Differenzierung zur Konkurrenz zu wecken. Mithilfe einer Marke kennt der Kunde das Angebot und den Unterschied zur Konkurrenz. Bei der Marke Alnatura weiß der Kunde zum Beispiel, dass sie im Vergleich zu anderen Lebensmittelmarken für Bio steht.
- Es ist einfacher, **zielgruppenspezifisch** den Markt zu bearbeiten. Mit einer klar definierten Marke kann auf die spezifischen Bedürfnisse einer Zielgruppe besser eingegangen werden. Die Marke H&M richtet sich an trendbewusste junge Menschen mit einem geringen Budget für Kleidung. Damit geht sie auf die Bedürfnisse dieser Zielgruppe ein. Daneben steht die Marke COS, die ebenso zum Markenportfolio des Mutterkonzerns von H&M gehört, für elegante Designermode im mittleren Preissegment.

Apple
Wenn Apple neue Produkte auf den Markt bringt, kann man davon ausgehen, dass diese neuen Produkte auch wieder ein Erfolg werden. Es gibt eine breite Apple-Fangemeinde, die eine starke Beziehung zur Marke Apple hat, niemals von der Konkurrenz kaufen würde, die Produkte der Marke nur selten hinterfragt und neue Produkte einfacher annimmt. Nach dem iPod und dem iPhone wurde auch das iPad ein Erfolg. Das Selbstverständnis der Marke wird durch einen selbstbewussten Slogan ausgedrückt „If you don't have an iPhone, well, you don't have an iPhone."

1.2 Grundlagen zur Positionierung von Marken

Damit Sie im Folgenden das Geheimnis einer erfolgreichen Positionierung verstehen, werde ich Ihnen zunächst erläutern, was unter der Identität einer Marke zu verstehen ist. Aus ihr leitet sich nämlich der Markennutzen ab und dieser ist die Basis der Positionierung.

1.2.1 Die Markenidentität als Quelle des Markennutzens

Aus der Identität einer Marke leitet sich die gesamte Strategie samt Positionierung ab. Es ist für Markenmanager daher essenziell, die Identität ihrer Marken zu analysieren und zu verinnerlichen.

Aber was versteht man eigentlich genau unter der Identität einer Marke? In der Literatur findet sich folgende Definition:

Dieses Selbstbild wird als Markenidentität bezeichnet und umfasst diejenigen raumzeitlich gleichartigen Merkmale der Marke, die aus Sicht der internen Zielgruppen in nachhaltiger Weise den Charakter der Marke prägen (Burmann et al. 2015, S. 29).

Um diese Definition zu verstehen, muss sie in ihre Einzelteile zerlegt werden:

- **„Raum-zeitlich gleichartige Merkmale":** Es handelt sich um die Merkmale, die über einen sehr langen Zeitraum für eine Marke stehen. Hierbei geht es also vor allem um die Kontinuität der Identität und auch um ihre Konsistenz, was bedeutet, dass die Marke frei von Widersprüchen ist, was dazu führt, dass man beispielsweise die Marke auch dann erkennt, wenn man ihr Logo noch nicht gesehen hat.
- **„Aus Sicht der internen Zielgruppe":** Die Identität bezieht sich immer auf die interne Sichtweise. Sie darf also nicht mit der externen Konsumentenperspektive – also dem Image – verwechselt werden.
- **„In nachhaltiger Weise den Charakter der Marke prägen":** Ganz allgemein drückt die Markenidentität die wesensprägenden Merkmale der Marke aus. Mit anderen Worten – für was steht die Marke?

David Aaker, einer der Begründer des sogenannten identitätsbasierten Markenansatzes, nennt in seiner aktuellen Publikation (2014) die Markenidentität auch Markenvision. Damit möchte er die strategische Komponente dieses Phänomens ausdrücken. Für dieses Lehrbuch werde ich mich der Einfachheit und Konstanz halber aber weiterhin an dem Begriff der Markenidentität orientieren.

Besonders herausfordernd ist es dabei, die Markenidentität zu ermitteln. Da es sich um eine interne strategiebezogene Perspektive der Marke handelt, ist auch vor allem intern die Identität zu ermitteln. Dabei sind aber der Kontext und das Markenumfeld mit einzurechnen.

In internen **Mitarbeiterworkshops und mithilfe von internen Fokusgruppeninterviews sowie Expertengesprächen** kann die Markenidentität anhand der folgenden von Burmann et al. (2015) aufgestellten Dimensionen beschrieben werden.

- **Markenherkunft:** Woher kommen wir? Wie fing alles an?
- **Markenvision:** Wohin wollen wir? Was sind unsere Ziele im Markt?
- **Markenwerte:** Woran glauben wir? Was ist uns wichtig?
- **Markenkompetenzen:** Was können wir? Welche Fähigkeiten besitzen wir?
- **Markenpersönlichkeit:** Wie treten wir auf? Welche menschlichen Persönlichkeitseigenschaften passen zu uns?
- **Markenleistungen:** Was tun wir? Welche Produkte und Dienstleistungen bieten wir an?

Bei der Analyse und der nachfolgenden Beschreibung der Markenidentität entsteht eine Menge an Daten, die im nächsten Schritt neu ausgewertet, gruppiert und gewichtet werden müssen. Aus ihnen leiten sich in Anlehnung an Aaker (2014) eine Art Kernidentität und eine erweiterte Identität ab.

Insbesondere bei der Kernidentität ist darauf zu achten, dass sich sämtliche Aspekte der Identität **nicht widersprechen dürfen und ein konsistentes Gesamtbild der Marke ergeben sollen.** Vor allem in den Leistungen – also die Produkte und Dienstleistungen – sollten sich alle übrigen Identitätskomponenten widerspiegeln.

> **Beispiel: Die Identität der Marke Louis Vuitton**
> Die Traditionsmarke Louis Vuitton ist durch eine besondere Kontinuität und Konsistenz geprägt. Im Kern der Identität steht historisch bedingt das Thema Reisen und zieht sich durch alle Identitätskomponenten wie ein roter Faden:
>
> - **Markenherkunft:** Der Gründer Louis Vuitton absolvierte eine Lehre bei einem Gepäckhersteller, wurde später „Kofferpacker" am Hof, Reisen prägten schon früh sein Leben.
> - **Markenvision:** „Reise" auch als Vision und als Entwicklung in der Zukunft, Reise steht für „neue Erfahrungen".
> - **Markenwerte:** Das Leben ist eine Reise und wir Menschen können es prägen; Reisen können unser Leben verändern.
> - **Markenkompetenzen:** Die Fähigkeit zur Herstellung von Koffern und Taschen aus robustem, lang haltendem, Regen abweisendem Leder geht auf den Gründer zurück.
> - **Markenpersönlichkeit:** Berühmte Werbegesichter werden auf einer Reise gezeigt – zum Beispiel Angelina Jolie, Bono oder Catherine Deneuve –, der Firmenstandort (die Champs-Élysées in Paris) zeigt Bezug auf die Tradition, Modenschauen werden mit Bezug zu Reisen (zum Beispiel Hotelaufzug als Kulisse) gestaltet.
> - **Markenleistungen:** Koffer und Taschen sind immer noch das Kernprodukt. Die Darstellung alter Koffer in Shops, historische Kofferausstellungen, Bücher zu Reisen unterstreichen dabei diesen Kern der Marke.

Während die **Markenidentität durch Hervorhebung besonderer Aspekte und sichtbarer Merkmale eher gestaltet** werden kann, formt sich das Fremdbild der Marke (**Image**) bei den verschiedenen externen Zielgruppen zeitverzögert und über einen längeren Zeitraum. Insbesondere durch die Diskussion der Marke in sozialen Medien kann es hier zu verschiedenen Markenbildern kommen. Das Image einer Marke ist somit als ein Markenwirkungskonzept zu interpretieren (Burmann et al. 2015).

Die Stärke einer Marke ist auch von dem Grad der **Übereinstimmung zwischen dem Selbstbild (Identität) und dem von anderen zugeschriebenen Fremdbild (Image)** abhängig.

Die Identität von Marken wird in der Forschung vielfach untersucht. Der nachfolgende Exkurs gibt einen kurzen Einblick in die Forschung zum speziellen Ansatz der identitätsbasierten Markenführung von Meffert und Burmann (1996).

▶ **Hintergrundinformation: Forschung zur identitätsbasierten Markenführung** In der Forschung zum Markenmanagement gab es lange Zeit keine einheitliche Definition des Markenidentitätsbegriffs und dessen theoretischer Fundierung. Vielmehr wurde die Markenidentität oft nur als Metapher für eine Marke oder ein Corporate Design verwendet. Getrennt behandelt wurden viele Jahre die beiden zentralen Perspektiven zur Markenidentität – zum einen die externe kundenbezogene „Imageperspektive" und zum anderen die „Identitätsperspektive". Explizit verbunden wurden diese beiden Perspektiven erstmals im identitätsbasierten Markenführungsansatz. Dieser hat sich seit Mitte der 1990er Jahre als das leistungsfähigste Managementmodell für Marken erwiesen. Er basiert auf den Arbeiten von Aaker in den USA, Kapferer in Frankreich sowie Meffert und Burmann in Deutschland. Konzeptionell knüpft die Forschung zum identitätsbasierten Markenführungsansatz an Vorgängermodellen der Markenforschung an und entwickelt diese, ergänzt durch psychologische und sozialwissenschaftliche Forschungsimpulse, weiter (Burmann et al. 2015, S. V).

Da die Markenidentität für viele etwas sehr Abstraktes ist, hilft es manchmal, sie mit der Identität eines Menschen zu vergleichen. So lässt sich sagen, dass die Identität das Selbstbild und das Image das Fremdbild einer Marke darstellen. Sicherlich ist wie beim Menschen eine vollkommene Übereinstimmung nie erreichbar, trotzdem dürfen die Bilder nicht zu stark auseinandergehen, damit entsprechend der Realität geplant und investiert werden kann. Markenmanager sollten deshalb regelmäßig prüfen, ob die Identität auch mit dem Image übereinstimmt und gegebenenfalls mit identitätsbasierten Kampagnen darauf reagieren.

Seit Beginn der Menschheitsgeschichte existiert ein tiefer Wunsch der Menschen, sich selbst zu kennen und sich selbst auszudrücken. Bei der Frage nach Identität geht es also um das Bild, das ein Mensch von sich selbst hat. Und dieses Bild enthält diejenigen Merkmale, die für einen Menschen in einzigartiger Weise den Charakter des eigenen Selbstbilds ausmachen.

Menschen, die eine starke Identität besitzen, werden demnach von ihrem Umfeld als positiv angesehen. Sie haben ein bestimmtes Bild von sich selbst, stehen dazu und bleiben sich selbst treu. Das bemerken andere Menschen und können somit die Handlungen dieser Menschen besser einschätzen, sehen sie folglich als authentisch an und entwickeln eine Wertschätzung ihnen gegenüber. Eine starke Identität kann demnach als Voraussetzung von Wertschätzung durch andere Menschen angesehen werden.

> Mit anderen Worten muss ein Mensch eine Identität haben, um von anderen als verlässlich und vertrauenswürdig anerkannt zu werden. Einem Menschen ohne Identität kann man demnach nicht vertrauen (Burmann und Meffert 2005, S. 42 ff.).

1.2 Grundlagen zur Positionierung von Marken

Dieser Gedanke lässt sich auf Marken übertragen. Nur Marken mit einer starken Identität vertraut der Kunde.

Wie bei Menschen entsteht auch bei Marken die Identität **nur über einen längeren Zeitraum** und setzt sich aus einer Vielzahl von Komponenten zusammen. Dabei kann beobachtet werden, dass gerade Marken im oberen Preissegment häufig über eine sehr lange Tradition verfügen und ihre Identitäten sich über einen längeren Zeitraum formiert haben.

> **Kinder und Marken**
> Beziehungen strukturieren das Leben und geben dem Menschen Sinn und Halt. Auch die Entwicklung der Persönlichkeit hängt zu bedeutenden Teilen von Beziehungen ab. Schon im Kindesalter werden die Menschen durch Beziehungen zu Eltern und anderen Bezugspersonen geprägt und entwickeln so durch Anpassung oder kritische Auseinandersetzung ein Wertesystem, das sich in ihrer Persönlichkeit widerspiegelt. Nicht nur Werte werden in den ersten Lebensjahren vermittelt, sondern Kinder lernen von Erwachsenen auch, dass eine Marke Ausdruck der eigenen Identität und Zugehörigkeit zu oder Abgrenzung von bestimmten Gruppen ist. Somit bauen sie früh Beziehungen zu Marken auf (vgl. Wenske 2008, S. 87 ff. mit Bezug auf Sommer 1998, S. 19; Zimbardo 1995, S. 80).

Wie lässt sich die Markenidentität langfristig steuern?
Zur Pflege einer starken Markenidentität empfiehlt sich eine authentische, kontinuierliche und konsistente Markenpolitik, die beim Nachfrager die erwarteten und gewünschten Assoziationen hervorruft, was wiederum zu Bestätigung, Zufriedenheit und Vertrauensbildung führt. **Vertrauen entsteht folglich durch Erfahrungen mit der Marke,** stärkt die Beziehung zu der Marke und führt damit zu einer langfristigen Kundenbindung (Burmann und Riley 2008).

▶ **Gesetze starker Marken**
- Selbst- und Fremdbild stehen in einem permanenten Austauschprozess, der im Zeitverlauf zu Veränderungen bei Identität und Image führen kann.
- Die Markenidentität beschreibt diejenigen Merkmale, die für eine Marke stehen.
- Zur Herausbildung einer starken Identität empfiehlt sich eine kontinuierliche und konsistente Markenpolitik.
- Die Markenidentität ist das Selbstbild der Marke und das Image ihr Fremdbild.
- Die Identität kann gestaltet werden und das Image formt sich über einen längeren Zeitraum.
- Wie bei Menschen ist eine starke Identität eine wichtige Voraussetzung für Vertrauen.
- Kontinuität und Konsistenz bedingen Vertrauen.

1.2.2 Positionierung auf Basis des Markennutzens

Eine starke Markenidentität bildet das Fundament erfolgreicher Markenführung. Auf ihrer Basis muss ein einzigartiger Markennutzen formuliert werden, der die Marke aus Sicht des Anbieters erfüllen soll und der die Basis der Positionierung darstellt (Recke 2011).

Dabei muss sich das Versprechen einer Marke nicht auf konkrete Produkteigenschaften beziehen, denn man unterscheidet zwischen zwei Komponenten:

- **dem funktionalen Markennutzen und**
- **dem symbolischen Markennutzen.**

Unter dem **funktionalen** Markennutzen versteht man, was das Markenprodukt leistet. Dazu gehören die konkreten Produkteigenschaften, das Preis-Leistungs-Verhältnis, die Qualität – also all das, was der Nachfrager auch wirklich funktional erhält. Stellen Sie sich vor, Sie möchten sich ein Auto kaufen, dann bezieht sich das funktionale Versprechen also auf die konkreten Produkteigenschaften wie zum Beispiel Kraftstoffverbrauch, PS, Komfort, Ausstattung usw.

> **Beispiel Tesla**
>
> Die Marke Tesla hat eine klare Positionierung, denn die Marke versteht sich als Anbieter des Konzepts Elektromobilität, nicht nur durch Fahrzeuge, sondern auch durch Infrastruktur und Software. Der Elektroauto-Hersteller überzeugt vor allem durch eine klare Fokussierung auf das Thema Elektro-Mobilität (Mutabor 2014). Der Mythos um den Gründer Elon Musk rundet das Profil dieser Silicon Valley-Marke ab.

Neben dem funktionalen Versprechen kann sich der Nachfrager bei seiner Auswahl auch auf den **symbolischen Markennutzen** beziehen. Der symbolische Markennutzen ist eine Art **psychologischer Zusatznutzen,** den die Marke ihrem Nachfrager bietet. Er ist eng mit der Persönlichkeit der Nachfrager verknüpft. Beispielsweise sind die Marken Apple und Tesla stark durch ihre Gründer geprägt, die den Nachfragern Anknüpfungspunkte für eine Art Identifikation bieten.

Dabei kann zwischen einer extrinsischen und einer intrinsischen Persönlichkeitsbefriedigung unterschieden werden.

- **Extrinsisch** bedeutet, dass der Nachfrager mithilfe der Marke etwas über sich gegenüber anderen Menschen aussagen möchte, wie zum Beispiel Qualitätsbewusstsein. Dies wird in der Praxis häufig auch als **Prestigenutzen** bezeichnet. Menschen, die auffällige statusorientierte Logos tragen, empfinden häufig diesen Nutzen.
- **Intrinsisch** bedeutet dagegen, dass der Nachfrager durch den Erwerb bzw. Konsum der Marke innerlich Freude empfindet. Hier geht es nicht um die Zurschaustellung von Marken, sondern nur um einen inneren Hedonismus und um Selbstverwirklichung.

Menschen, die zum Beispiel einen Teil ihrer Lebensmittel direkt beim Hersteller oder beim Bauern erwerben, empfinden häufig diesen intrinsischen Nutzen. Dabei geht es also nicht um die Anerkennung, Geltung oder Beeindruckung Dritter, sondern hauptsächlich um den eigenen Hedonismus.

> **Beispiel Beats**
> Die Marke Beats bietet ihren Nachfragern sowohl einen funktionalen als auch einen symbolischen Nutzen. Zum funktionalen Nutzen gehören zum Beispiel die technischen Leistungen eines Kopfhörers von Beats: kabellos Musik hören, Telefonanrufe entgegennehmen etc. Ein Kopfhörer der Marke Beats verfügt aber auch über einen Prestigenutzen, der über den sehr hohen Verkaufspreis, das besondere Design, die Zusammenarbeit mit Apple und den Innovationsvorsprung zum Ausdruck kommt. Kunden, die sich diesen Kopfhörer leisten und ihn tragen, signalisieren damit anderen Menschen ihren hohen Anspruch an Technologie und Design.

> **Der symbolische Nutzen kann eine Herkunftsgeschichte sein – Beispiel Ed Meier**
> In München gibt es eine traditionelle, berühmte Schuhmacherei namens Eduard Meier. Diese Schuhmacherei kann als Marke bezeichnet werden. Die Inhaber stellen wertvolle, handgenähte Schuhe her, aber nicht allein das Produkt erklärt die eigentliche Differenzierungskraft. Die Konsumenten empfinden einen Prestigenutzen durch den Erwerb von Eduard Meier-Schuhen. Sie können erzählen, dass sie ihre Schuhe von dem ältesten Schuhgeschäft in München bezogen haben, das ein vormaliger Königlich Bayerischer Hoflieferant war. Diese Historie des Hauses macht die Differenzierungskraft der Marke aus.

Die Linie „Starck 1" von Duravit erzählt auch eine besondere Geschichte (vgl. auch Abb. 1.1). Für Duravit übersetzte Philippe Starck erstmals archetypische Gegenstände in Keramik und Acryl. Sein erster Entwurf aus dem Jahr 1994 für den Designbadausstatter Duravit, die Serie Starck 1, bezieht sich auf archaische Vorbilder wie Waschschale und Eimer (Duravit 2016).

Das Ergebnis ist die bis heute erfolgreiche Designliebe Starck 1 (Abb. 1.2).

Die besondere Herausforderung des Markennutzens liegt in der Auswahl der Identitätskomponenten, auf deren Basis er begründet ist.

Welche Identitätskomponenten sollen besonders hervorgehoben werden?
Um ein ganzheitliches Bild zu ermitteln, sollte dies in einer gemeinsamen internen Expertenrunde diskutiert werden und es sollte sich dabei an den vier folgenden Fragen orientiert werden (Burmann et al. 2014 in Anlehnung an Aaker und Joachimsthaler 2000, S. 57):

Abb. 1.1 Marken und Geschichten

Abb. 1.2 Starck 1

1. **Ist die Identitätskomponente wichtig für die Marke und den Nachfrager?**
   Wenn eine Identitätskomponente wichtig für die Marke ist, sollte sie bei der Markenführung stärker hervorgehoben werden. Bei Familienunternehmen kann dies zum Beispiel die Herkunft sein, bei B2B-Unternehmen sind dies eher die Kompetenzen. Eine Identitätskomponente, die hervorgehoben werden soll, muss vom Nachfrager immer positiv beurteilt werden. Dies schafft BMW beispielsweise mit der Kompetenz, dynamische Motoren und Fahrzeuge zu bauen.
2. **Kann man sich durch diese Identitätskomponente vom Wettbewerber abheben?**
   Wie ich schon eingangs erläutert habe, ist das wichtigste Kriterium einer Marke ihre Differenzierungskraft. Aus diesem Grund sollten die Identitätskomponenten, die eine

1.2 Grundlagen zur Positionierung von Marken

hohe Handlungsrelevanz und Differenzierungskraft bieten, stets besonders hervorgehoben werden. Bei einem Hersteller zum Beispiel, der viele berühmte Produkte erfunden hat, kann zum einen auf Kompetenzen, zum anderen auch auf die Herkunft eingegangen werden.

3. **Motiviert die Identitätskomponente die Mitarbeiter?**
   Ganz allgemein sollte jede Identitätskomponente in der Lage sein, die Markenmitarbeiter zu motivieren. Bei der Ausgestaltung der Markenidentität muss dies stets hinterfragt werden. Ein gutes Beispiel sind sicherlich die Markenwerte des dm-Drogeriemarktes – „Hier bin ich Mensch, hier kauf ich ein". Dies ist nicht nur ansprechend für den Kunden, sondern auch identitätsstiftend für den Mitarbeiter.
4. **Ist die Identitätskomponente glaubwürdig?**
   Nur glaubwürdige bzw. authentische Marken werden von den Nachfragern akzeptiert. Das Beispiel vom dm-Drogeriemarkt kann auch hier herangezogen werden. Wenn im Zentrum der Markenwerte der Respekt von Leben und Menschen steht, dann müssen auch die Arbeitsbedingungen für die Mitarbeiter entsprechend ausgerichtet sein, sonst ist dies nicht glaubwürdig.

▶ **Markennutzen** Eine Marke muss dem Nachfrager einen relevanten Nutzen bieten. Dies muss sich nicht rein auf den funktionalen Nutzen, wie zum Beispiel konkrete Produkteigenschaften, sondern kann sich auch auf einen symbolischen bzw. psychologischen Zusatznutzen beziehen, wie etwa einen Prestigenutzen durch eine besondere Markenhistorie.

Auf Basis des Markennutzens wird positioniert. **Aber was versteht man unter Positionierung?**

▶ Ganz allgemein versteht man unter Positionierung **den strategischen Kern der Marke.** Sie ist der **Wegweiser bei jeder betrieblichen Entscheidung.** Steht ein Unternehmer zum Beispiel vor der Herausforderung, in neue Technologien zu investieren, neue Kunden anzusprechen oder einem Trend zu folgen, sollte er sich hierbei immer an der Positionierung orientieren. Sie sollte ihm den richtigen Weg weisen. Entsprechend klar muss sie formuliert sein.

Eine gute Positionierung wird immer **prägnant und kurz** formuliert. Muss jemand stundenlang über die Positionierung seiner Marke sprechen, ist die Positionierung nicht gut. Vielmehr handelt es sich dann um eine Unterpositionierung, das heißt, das Angebot ist in den Augen der Zielgruppe austauschbar.

Was aber beinhaltet die Positionierung?
Entsprechend der Definition der Marke beinhaltet sie:

- **den Markennutzen**
- **und die Differenzierungskraft.**

> **Beispiel Syoss**
> Eine als sehr gut zu bezeichnende Positionierung ist die bei der Markteinführung 2009 von Syoss (Henkel) entworfene „Professionelle Haarpflege, die man sich leisten kann". Der Markennutzen bezieht sich auf das besondere Preis-Leistungs-Verhältnis und die Differenzierungskraft stellte 2009 dar, dass Syoss damals das einzige „Friseurprodukt" war, das es auch in einfachen Drogeriemärkten gab und nicht nur im Fachhandel.

▶ **Ableitung der Positionierung**
- **Aus der Markenidentität leitet sich der Markennutzen ab.**
- **Auf Basis des Markennutzens wird positioniert.**
- **Der Markennutzen besteht aus einer funktionalen und einer symbolischen Komponente.**
- **Ganz allgemein versteht man unter Positionierung den strategischen Kern der Marke. Sie ist der Wegweiser bei Entscheidungen.**
- **Eine gute Positionierung wird immer prägnant und kurz formuliert.**
- **Entsprechend der Definition der Marke beinhaltet die Positionierung den Markennutzen und die Differenzierungskraft.**

1.3 Die Premiummarke ist der STAR, die Luxusmarke ist die DIVA

Damit Sie in den folgenden Kapiteln die Prinzipien der operativen Markenführung besser verstehen, möchte ich diese anhand von **Metaphern** vorstellen. In Anlehnung an die Forschung zur identitätsbasierten Markenführung (Burmann et al. 2014; Aaker 2014) kann die Verwendung einer Metapher im Kontext der Markenführung mit der Theorie des Animismus nach Gilmore (1919) begründet werden. Demnach neigen Menschen dazu, leblose Artefakte zu beseelen.

Diese Art der Beseelung hilft Menschen, abstrakte Phänomene – zu denen eben auch Marken gehören – leichter zu verstehen. Beispielsweise beschreibt man die Marke MINI dann nicht mit technischen Eigenschaften, die sich zum Beispiel auf Verbrauch oder Geschwindigkeit beziehen, sondern mit **menschlichen Zügen und Persönlichkeitseigenschaften**. So wird der MINI häufig als süß, niedlich, witzig und jung beschrieben. Nach Aaker (2014) hat eine Reihe von Faktoren Einfluss darauf, wie Menschen Persönlichkeitseigenschaften von Marken interpretieren. Dies können zum einen **Persönlichkeitseigenschaften von Menschen** sein – wie zum Beispiel der typische MINI-Fahrer, Menschen in der MINI-Werbung, MINI-Fans, der CEO von MINI – oder zum anderen die vier Marketinginstrumente – also die Produkt-, Preis-, Distributions- und Kommunikationspolitik. Auf diese Instrumente werde ich in den weiteren Kapiteln meines Buchs noch genauer eingehen.

Die beiden Metaphern, die ich Ihnen für die Premium- und Luxusmarkenführung vorstellen möchte, lauten STAR und DIVA.

▶ **Der Unterschied zwischen STAR und DIVA in diesem Buch**
- **Die Metapher des Stars steht für das Premiumsegment: ich nenne das STAR**
- **Die Metapher Diva steht für das Luxussegment: ich nenne das DIVA**

Das DIVA-Prinzip habe ich ursprünglich für Luxusmode entwickelt und im Jahr 2014 als Buch („Wie werde ich eine DIVA?") im Springer Gabler-Verlag veröffentlicht (König 2014). Da mir seit dieser Zeit im Rahmen von Beratungsprojekten immer wieder auffiel, dass die DIVA-Prinzipien nicht nur für Luxusmode, sondern auch für einen Großteil der Luxusmarken gelten, wende ich sie in diesem Buch wieder an. Das positive Feedback von Branchenkennern und meinen Lesern bestärkt mich in diesem Vorgehen.

Aber worin unterscheiden sich ein Star und eine Diva?

Der Hauptunterschied zwischen Star und Diva liegt im Entstehen von **Begehrlichkeit.** Diese wird bei der Diva dadurch geweckt, dass sie **nicht sofort verfügbar** ist und es auch etwas Arbeit bedarf, um sie zu finden und zu erobern. Die Diva verdient in der Regel Topgagen, spielt nur selten und in ausgewählten Filmen und gilt teilweise durch ihre Unnahbarkeit als hochmütig. Sie will keine Massen begeistern, sondern polarisiert auch gerne einmal.

Im Vergleich zum Star geht es bei einer klassischen Hollywood-Diva nicht nur um ihr schauspielerisches Talent, sondern um ihre gesamte Symbolik und den Mythos ihres Lebens. Dies passt ebenso zur Luxusmarke. Man kann es auch mit den Worten von Dr. Bruno Sälzer (ehemaliger Vorstandsvorsitzender von Escada) ausdrücken: **„Luxusprodukte leben in der Welt der Wünsche und diese werden in der Welt der Gefühle erfüllt"** (Sälzer 2008, S. V).

Um die Begehrlichkeit zu wahren, wird teilweise in diesem Segment sogar mit **Wartelisten** (wie bei Rolls-Royce) gearbeitet und vor allem mit einem sehr reduzierten Angebot. Dabei ordnen sich Manager und Regisseure einer richtigen Diva unter und lassen sich von ihr dominieren. So ist es auch bei einer Luxusmarke, bei der sich Marketingmanager und Chefdesigner nur innerhalb strenger Grenzen ausleben können.

Dies stellt das genaue Gegenteil des Stars dar, bei dem es darum geht, auf möglichst vielen Partys zu tanzen, zu gefallen und verfügbar zu sein. Selbstverständlich kann die Verfügbarkeit nicht mit der einer Alltagsmarke verglichen werden, trotzdem ist der Star im Vergleich zu einer Diva eher präsent.

Wie lassen sich diese abstrakten Gedanken zu Diva und Star konkret auf Marken übertragen? Fangen wir mit der strategischen Markenführung an und betrachten die Positionierung.

1.4 Der STAR-Positionierungsbereich von Premiummarken

Im Folgenden werde ich Ihnen den STAR-Positionierungsbereich für Premiummarken vorstellen. Ganz allgemein lässt sich bei dem **Begriff Premiummarke** feststellen, dass dieser in der Literatur nicht einheitlich definiert wird. Trotzdem führen die meisten Definitionen die besondere **Qualität** als Maßstab an. Premiummarken sind zwar Marken des Massenbedarfs und werden auch in Serie produziert, sind aber herkömmlichen Marken in Bezug auf das Preis-Leistungs-Verhältnis überlegen (Maloney 2007). Mit Blick auf die beiden Basisstrategien von Michael Porter (1980) – Kostenführerschaft und Qualitätsführerschaft – bezieht sich die Premiummarke also auf die **Qualitätsführerschaft** und nicht auf die Kostenführerschaft.

Wie Sie zuvor gelernt haben, ist eine erfolgreiche Positionierung im Markt immer einzigartig und muss für den Nachfrager relevant sein. Trotz dieser Einzigartigkeit, die sich aus der Identität und dem Nutzen ableiten muss, gibt es für Premiummarken nach meinen Erkenntnissen einen klaren Positionierungsbereich, der sich sowohl auf das funktionale und als auch auf das symbolische Markenversprechen bezieht. Mit **Positionierungsbereich** meine ich das Spektrum, in dem eine einzigartige Premiummarkenstrategie aufgesetzt werden kann.

Dieser von mir definierte STAR-Positionierungsbereich stimmt nicht mit dem vieler anderer Autoren in der Literatur überein. Viele ordnen Prestige bereits dem Affordable-Luxury-Segment zu (Vigneron et al. 2004). Nach meinen Erkenntnissen aus Forschung und Praxis sollte dies aber als Premium bezeichnet werden, denn Marken wie Polo Ralph Lauren und Tommy Hilfiger erfüllen wie STARS einen Prestigenutzen, sind aber durch Verfügbarkeit und Qualität Marken des Premiumsegments.

1.4.1 Funktional: Positionierung auf Basis von hochwertiger, allgemein anerkannter Qualität und populärem Design

Im Gegensatz zu einer herkömmlichen Marke erwarten Kunden bei der Premiummarke eine **hohe Qualität für den hohen Preis, den sie zahlen.** Dies ist mit den künstlerischen Fähigkeiten eines bekannten Stars zu vergleichen.

Wie lässt sich das erklären?

Eine solche Erwartungshaltung lässt sich mit dem sogenannten **Involvement** begründen, worunter man die persönlich empfundene Wichtigkeit des Kaufs für einen Menschen versteht.

▶ **Involvement** Unter Involvement versteht man die Ich-Beteiligung, also das Engagement, mit dem sich jemand einem Gegenstand oder einer Aktivität zuwendet (Kroeber-Riel und Esch 2004, S. 143).

Da Premiummarken einen viel höheren Preis haben als generische Marken, empfindet der Kunde ein höheres Involvement als bei herkömmlichen Marken, das sich in einem als höher empfundenen, zum Beispiel finanziellen Risiko, ausdrückt. Dieses ist mit dem Eintrittsgeld bei dem Konzert eines Stars zu vergleichen.

Und um diesem Risiko ein Argument entgegenzusetzen, benötigen Premiummarken eine als sehr viel höher wahrgenommene Qualität im Gegensatz zu generischen Marken, damit der Kunde das Risiko auch vor sich selbst rechtfertigen kann.

Das Preis-Leistungs-Verhältnis für eine breite Zielgruppe im anerkannten Mainstream ist also bei der Premiummarke wichtig.

Bei Premiummarken spielt das Qualitätsmanagement eine besondere Rolle. Im Gegensatz zu herkömmlichen Marken sind die Kontrollen in diesem Segment strenger und regelmäßiger.

Auch das Innovationsmanagement ist von besonderer Bedeutung, denn veraltete Technologien passen nicht zu der Premiumstrategie.

1.4.2 Symbolisch: Positionierung auf Basis von Aufmerksamkeit und Geltung

Neben dem Wunsch nach Qualität steht hinter dem Kauf von STAR- bzw. Premiummarken auch eine Reihe sozialer Bedürfnisse. Ein zentrales soziales Bedürfnis ist der sogenannte Geltungskonsum – so wie auch ein Star die Öffentlichkeit sucht und sich nach Anerkennung der Massen sehnt.

Man kann dies mit der sogenannten (sozialen) **Selbstkongruenztheorie** erklären (Sirgy 1982, S. 287–289). Unter **sozialer Identität** versteht man demnach das Bild, das ein Mensch von sich in der Gesellschaft hat.

Es kann sich auf Bestätigung oder auf Erhöhung des eigenen Ichs beziehen:

- **Bestätigung durch Ähnlichkeit:** wie man sich wirklich in der Gesellschaft wahrnimmt.
- **Erhöhung:** wie man gerne wahrgenommen werden möchte.

Demnach ist die Wahl einer bestimmten Premiummarke mit dem Wunsch nach Bestätigung und/oder Verstärkung der eigenen sozialen Identität und Ich-Identität gleichzusetzen. Typischerweise geht dies mit dem Tragen von auffälligen Logos einher (zum Beispiel Polo Ralph Lauren). Dies kann wieder mit einem Star verglichen werden, der in seinem sozialen Umfeld etwas gelten will.

In der Literatur wurden solche Motive vielfach untersucht und können beispielsweise mit dem Veblen-Effekt erklärt werden (Veblen 1899, S. 68 ff.).

▶ **Veblen-Effekt** Im Marketing versteht man unter dem Veblen-Effekt den sogenannten Geltungskonsum oder auch Prestigekonsum. Es geht um den Wunsch der Nachfrager nach auffälligen Markenartikeln als Statussymbol. Der Begriff geht auf den Ökonomen Thorsten Veblen zurück, der schon vor 100 Jahren die Beobachtung machte, dass bei bestimmten Artikeln bei Anstieg des Preises die Nachfrage steigt.

▶ **Der STAR-Positionierungsbereich für Premiummarken bezieht sich auf zwei Komponenten**
- **Funktional: hochwertige Qualität mit populärem Design.**
- **Symbolisch: Aufmerksamkeit und Geltung.**

Kompetenz und Leistungsorientierung bilden den Bezug zur Identität. Innerhalb dieses Bereichs ist eine einzigartige Premiummarke zu platzieren. Die Einzigartigkeit leitet sich aus der Identität und dem Nutzen der Marke ab.

1.5 Der DIVA-Positionierungsbereich von Luxusmarken

Nachdem ich Ihnen den STAR-Positionierungsbereich für das Premiumsegment präsentiert habe, möchte ich nun auf den spezifischen DIVA-Positionierungsbereich für Luxusprodukte eingehen.

Das Mysterium Luxus fasziniert **seit der Antike die Menschheit** (Lasslop 2005, S. 472). Erstaunlicherweise herrscht jedoch nicht nur in der Praxis, sondern auch in der Wissenschaft Unklarheit über den Begriff „Luxus" (beispielsweise Berry 1994, S. 3).

In der Literatur findet man eine Vielfalt von Erklärungen aus unterschiedlichen Perspektiven. Mehrere Autoren gehen dabei auf die Herkunft des Begriffs ein, wie beispielsweise auf **„lux"** = Licht, Helligkeit oder **„luxuria"** = Verschwendung (Büttner et al. 2008, S. 8). Diese herkunftsorientierte Perspektive macht deutlich, dass dem Wort „Luxus" schon immer eine einerseits positive Bedeutung im Sinne von Besonderheit und Außergewöhnlichkeit, andererseits etwas Negatives und Unchristliches im Sinne von Prunksucht und Verschwendung zugrunde lag (u. a. Wyrwa 2003, S. 49).

Die Diva als das Bild der Luxusmarke grenzt sich vom Star als dem Bild der Premiummarke entschieden ab. Dies wird durch den funktionalen und den symbolischen Nutzen, auf deren Basis sich die Marke positionieren kann, offensichtlich.

▶ **DIVA-Positionierungsbereich für Luxusmarken**
- **Funktional: handwerkliche Exzellenz und Originaldesign.**
- **Symbolisch: Individualität und Abgrenzung.**

Gründungsmythos und Werte bilden einen Bezug zur Identität der DIVA.

1.5.1 Funktional: Positionierung auf Basis von handwerklicher Exzellenz und Originaldesign

Beim Konsum echter Luxusmarken spielen häufig intrinsische Bedürfnisse eine Rolle. Hierbei geht es also nicht darum, dass Menschen nach außen etwas mitteilen wollen, sondern sie empfinden diesen Genuss nach innen. Da die DIVA kein Massenphänomen ist, stehen Anerkennung und Geltung im sozialen Umfeld auch nicht im Zentrum. Wie eine echte Hollywood-Diva häufig polarisiert, so ist es auch mit der Luxusmarke.

An dieser Stelle möchte ich noch einmal darauf hinweisen, dass meine Definition einer Luxusmarke im Sinne der DIVA nicht unbedingt mit der gängigen Literaturmeinung übereinstimmt, die Geltungskonsum häufig dem Luxussegment zuschreibt.

In Bezug auf die Selbstkonzepttheorie von Sirgy entspricht dieser intrinsische Genuss nicht der sozialen Identität, sondern der **Ich-Identität** – real oder ideal (Sirgy 1982). Es geht also nicht um eine nach außen erzielte Wirkung.

Auch hier kann es sich um eine Bestätigung oder eine Erhöhung der Ich-Identität handeln:

- Bestätigung durch Ähnlichkeit: wie man sich selbst wahrnimmt.
- Erhöhung: wie man gerne wahrgenommen werden würde.

Im Vergleich zum Wunsch nach Geltung oder „anders als die Masse sein" ist dieser Wunsch nicht abhängig vom sozialen Umfeld und bezieht sich eher auf Selbstverwirklichung, Selbstachtung oder Selbstfindung durch den Genuss von Luxusmarken (König und Burmann 2012).

Hierbei kann man zwischen **zwei Arten von intrinsischem Nutzen unterscheiden** (Burmann et al. 2015):

- einem sinnlich-ästhetischen Nutzen und
- einem hedonistisch-intrinsischen Nutzen.

Ein **sinnlich-ästhetischer Nutzen** ergibt sich aus den ästhetischen Eigenschaften von Luxusmarken, wie beispielsweise der Schönheit des Designs, der Haptik der Materialien, der Gestaltung der Verkaufsräume mit entsprechender Musik und Düften, dem gut aussehenden Verkaufspersonal etc. In Bezug auf eine menschliche Diva würden wir von Schönheit und Ausstrahlung sprechen.

Menschen, die sich Luxus aus diesen Gründen gönnen, können damit ihren eigenen Anspruch an Ästhetik bestätigen. Sie können dadurch aber auch ihre Wünsche ein Stück weit verwirklichen. Man sucht die Nähe einer Diva, weil man sich ihr ähnlich fühlt oder gerne genauso wäre wie sie.

Der **hedonistisch-intrinsische Nutzen** beschreibt dagegen einen subjektiv-persönlichkeitsbezogenen emotionalen Verarbeitungsprozess, der sich etwa daraus ergibt, dass man sich besonders exklusive Traditionsmarken mit einem besonderem handwerklichen Herstellungsverfahren gönnen und sich damit selbst belohnen möchte, oder einfach Luxusmarken als Erlebnis und Genuss empfindet.

Menschen, die sich Luxus aus diesem Grund gönnen, möchten sich durch den Umgang mit einer DIVA **belohnen,** weil sie entweder sagen, dass es „standesgemäß" und verdient sei, oder weil sie etwas von dem Zauber der DIVA auf sich übertragen wollen.

Abb. 1.3 Handwerkskunst von Farrow & Ball. (Quelle: Farrow & Ball)

Handwerkskunst und edle Materialien – Beispiel Farrow & Ball
Die Handwerkskunst der britischen Manufaktur prägt die Markenidentität nachhaltig, was der Claim „Craftsmen in Paint and Paper" zum Ausdruck bringt (vgl. Abb. 1.3). Die Farben von Farrow & Ball sind in Bezug auf Tiefe und Schönheit einzigartig. In der Manufaktur werden hochwertigste Pigmente und Harze verwendet und keine minderwertigen „Füllstoffe". Das vermittelt den Farben eine erkennbar große Tiefe und Reinheit, die oftmals als der „Farrow & Ball Look" zitiert wird. Anders als herkömmliche Hersteller verwenden sie natürliche Pigmente, wie Umbra in ihrer reinsten Form, und ferner natürliche Zutaten wie Kreide, Kalkteig, Leinsamenöl und Kaolin. All dies führt bei der relevanten Zielgruppe zur Befriedigung der hedonistischen Bedürfnisse.

1.5.2 Symbolisch: Positionierung auf Basis von Individualität und Abgrenzung

Auch beim Kauf von Luxusprodukten gibt es ein soziales Bedürfnis, welches sich auf das soziale Ich bezieht. Anders als beim Premiumsegment, bei dem es um **Geltung und Anerkennung der Massen** geht, steht beim Luxus eher die Abgrenzung von der Masse im Vordergrund. Es ist also der Wunsch nach Individualität und nicht nach Mainstream. Verglichen mit einer Diva, ist es das Bestreben den Fans zu zeigen, dass sie einen außergewöhnlichen Geschmack hat. Menschen, die Luxus aus diesem Grund konsumieren,

1.5 Der DIVA-Positionierungsbereich von Luxusmarken

möchten also zeigen, dass sie gegen den Strom schwimmen (vgl. Abb. 1.4). Sie möchten sich entschieden abgrenzen. Sie möchten nicht mit allgemeinen Statussymbolen oder Bewunderung von gewöhnlichen Stars zum Mainstream gehören, sondern sich abheben.

Es geht vor allem um das Suchen nach Nischen, um Seltenheit, um Einmaligkeit und das Nicht-Notwendige. So definiert Mühlmann (1975, S. 1969) Luxus als „Aufwand (…), der über das notwendige, d. h. das als allgemein notwendig anerkannte Maß der Anspruchsbefriedigung bzw. über den durchschnittlichen Lebensstandard hinausgeht". Man gönnt sich etwas Nicht-Alltägliches.

In der Literatur wird der Wunsch nach Abgrenzung auch als **Snob-Effekt** bezeichnet (Leibenstein 1950, S. 183 ff.).

▶ **Snob-Effekt** Im Marketing versteht man unter dem Snob-Effekt den Wunsch der Menschen nach Abgrenzung und Abhebung von der Masse mithilfe von Markenartikeln.

Viele erfolgreiche Luxusmarken versuchen wie eine Diva, diese Abgrenzung durch den Aufbau eines Mythos zu erreichen. Sie inszenieren ihren kulturellen Ursprung mit einzigartigen und mythisch aufgeladenen **Gründungsgeschichten.** In diesem Zusammenhang schreiben die renommierten französischen Luxusmarkenforscher Kapferer und Bastien:

> More than anything else, the luxury brand is an epic tale carried by its stories (Kapferer und Bastien 2009, S. 122).

Der ursprüngliche Schöpfer bzw. der Gründer spielt bei diesem Mythos häufig eine Schlüsselrolle (z. B. Elon Musk bei Tesla). Dabei fällt bei einigen großen internationalen luxuriösen

Abb. 1.4 Gegen den Strom schwimmen

Abb. 1.5 Die Identität einer luxuriösen Marke und ihre Prägung

Marken auf, dass sie oft die Namen ihrer Schöpfer (zum Beispiel Jil Sander) als Markennamen tragen und ihre Markenidentitäten auch entscheidend durch diese geprägt sind.

Der **Einfluss der Schöpfer** legt sich dabei wie eine äußere Schale um die Markenidentität (vgl. Abb. 1.5). Bei sehr alten luxuriösen Marken, bei denen die ursprünglichen Schöpfer nicht mehr leben, spielen auch die aktuellen Chefdesigner eine besondere Rolle und prägen die Identität (zum Beispiel Karl Lagerfeld bei Chanel oder Marc Jacobs bei Louis Vuitton). Abb. 1.5 stellt schematisch die Identität einer luxuriösen Marke dar – mit dem kulturellen Ursprung und dem ursprünglichen Schöpfer.

Bücher zur Förderung des Markenmythos – Beispiel Farrow & Ball

Über die Marke Farrow & Ball wurden bereits einige Bücher geschrieben, die den Mythos der Marke unterstreichen. So zeigt zum Beispiel das Buch „Living with Colour" (Shaw 2010) ausgesuchte Fotos traditioneller britischer Häuser und Apartments und demonstriert, wie sich mithilfe von Farrow & Ball-Tapeten und -Farben Wohnungen mit Atmosphäre, Charakter und Charme schaffen lassen. Die verschiedenen Kapitel vermitteln Vorschläge für Stilrichtungen und Farben, die von einem städtischen Apartment bis zum Landhaus reichen sowie den modernen, aber auch klassischen Geschmack abdecken. Dabei wird auch immer auf die Gründungsgeschichte in den 30er Jahren im britischen Dorset eingegangen.

▶ **Der DIVA-Positionierungsbereich für Luxusmarken bezieht sich auf:**
- **Funktional: Handwerkliche Exzellenz und Originaldesign.**
- **Symbolisch: Individualität und Abgrenzung.**
  Gründungsmythos und die Werte bilden den Bezug zur Identität.
  Innerhalb dieses Bereichs ist eine einzigartige Luxusmarke zu platzieren.
Die Einzigartigkeit leitet sich aus der Identität und dem Nutzen der Marke ab.

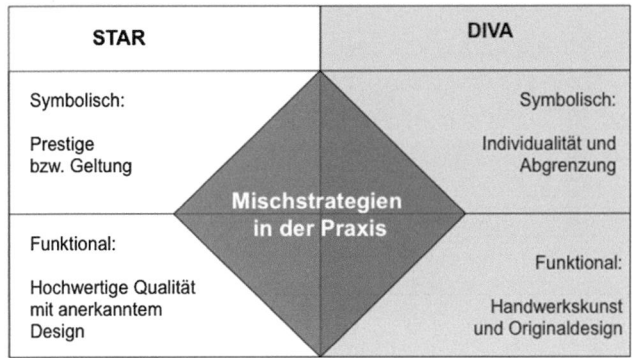

Abb. 1.6 Mischstrategien in der Praxis

1.5.3 Mischstrategien in der Praxis

Wie Sie bereits gelesen haben, umfasst dieses Buch praktische Hinweise zum Aufbau und zur Pflege von Luxus- und Premiummarken. Die diesen Maximen zugrunde liegende Literatur umfasst sowohl internationale Journalbeiträge und einschlägige Buchklassiker als auch praktische Studien. So orientiere ich mich beispielsweise bei der Beschreibung sämtlicher operativer Prinzipien u. a. an dem Werk der französischen Luxusmarkenexperten Kapferer und Bastien (2009), die die sogenannten Anti-Gesetze der Luxusmarkenführung formuliert haben. Sie heißen **Anti-Gesetze,** da sie teilweise genau das Gegenteil von dem fordern, was das klassische Marketing vorschreibt. Auf diese Anti-Gesetze greife ich vor allem bei den zentralen Besonderheiten zur Führung luxuriöser Marken zurück, den sogenannten DIVA-Prinzipien. Die Prinzipien der Premiummarken werden als STAR-Prinzipien vorgestellt. Nicht selten bedienen sich in der Praxis Marken aber auch beider Strategien (vgl. Abb. 1.6). Dies kann erfolgreich sein, wenn ein klarer Schwerpunkt gesetzt wird.

1.6 Fallbeispiel 1: Schöner Wohnen versus Places of Spirit

Um den Unterschied zwischen Premium und Luxus weiter zu verdeutlichen, lesen Sie nun ein Fallbeispiel – den Vergleich der Zeitschrift Schöner Wohnen mit der Zeitschrift Places of Spirit.

Es handelt sich bei beiden Zeitschriften um Interieur-Design-Zeitschriften:

- **Schöner Wohnen ist eine Zeitschrift im Premiumsegment (STAR).**
- **Places of Spirit ist eine Zeitschrift im Luxussegment (DIVA).**

Abb. 1.7 zeigt Inhalte der Zeitschrift Places of Spirit.

Abb. 1.7 Cover der Zeitschrift Places of Spirit. (Quelle: Places of Spirit)

Die Positionierung von Schöner Wohnen entspricht dem Premiumsegment. Die Zeitschrift ist ein wahrer STAR unter den Einrichtungs- und Wohnmagazinen. Sie ist eine Zeitschrift für den qualitätsorientierten Massenmarkt. Nach Sinus entspricht diese Zielgruppe eher der **bürgerlichen Mitte und einem liberal-intellektuellen** Milieu. In der Zeitschrift werden Reportagen veröffentlicht, die einen qualitätsorientierten Massengeschmack ansprechen. Die Designvorschläge beinhalten praktische Umsetzungstipps, mit denen sich Status und Geschmack einfach ausdrücken lassen. Die Homestories unterstreichen diese Ausrichtung.

Die Positionierung von Places of Spirit entspricht dagegen dem Luxussegment. Sie ist eine DIVA. In der Zeitschrift werden Reportagen veröffentlicht, die stark auf Individualität und Abgrenzung von der Masse abzielen. Im Zentrum der Homestories steht der individuelle Lebensstil mit Liebe für Handwerkskunst und Originaldesign. Die Zeitschrift versteht sich als ein **exklusives und hochemotionales Inspirationsmagazin.** Sie verbindet Ansätze aus Architektur, Design, Interieur, Fashion und Art und gibt Impulse für den individuellen Lifestyle, die man spüren, anfassen und erleben kann (BurdaLife 2014). Zielgruppe ist eine an Ästhetik interessierte Nische. Nach der Zielgruppensegmentierung von Sinus findet sich diese Zielgruppe eher im expeditiven Milieu als in der bürgerlichen Mitte.

Places of Spirit ist geprägt durch eine emotionale, persönliche Leseransprache mit einem handgeschriebenen Editorial. Daneben geht es auch um haptische Raffinessen durch Reliefdruck, Ausstanzung, Lackierung, verschiedene Papierarten (vgl. Abb. 1.8).

Abb. 1.8 Doppelseite aus der Zeitschrift Places of Spirit

1.7 Fallbeispiel 2: BMW versus Rolls-Royce

Ein weiteres Beispiel, das den Unterschied zwischen Premium und Luxus treffend beschreibt, ist ein Vergleich der Marken BMW und Rolls-Royce. Beide sind Automobilmarken der BMW Group:

- **BMW ist eine Automobilmarke des Premiumsegments (STAR).**
- **Rolls-Royce ist eine Automobilmarke des Luxussegments (DIVA).**

Die Positionierung von BMW entspricht dem Premiumsegment, denn der BMW ist mit seiner Leistungsorientierung, seiner Innovationskraft und dem offensiven Ausdruck von Status ein wahrer STAR unter den Automobilen.

Die Marke BMW steht für Automobile, die einen **leistungs- und statusorientierten Massenmarkt** ansprechen. Nach der bekannten Zielgruppeneinteilung des Marktforschungsinstituts Sinus entspricht diese Zielgruppe am ehesten dem sogenannten adaptiv-pragmatischen Milieu. Darunter versteht man die **moderne Mitte unserer Gesellschaft** mit einem **ausgeprägten Lebenspragmatismus und Nutzenkalkül** (Sinus Institut 2016). Angehörige dieses Milieus sind zielstrebig und investieren gerne in Premiumprodukte, möchten dafür aber auch einen entsprechenden Gegenwert erhalten, um ihren Status und ihre aufstrebende Position in der Gesellschaft zu demonstrieren und zu manifestieren. Dabei „schwimmen sie ungern gegen den Strom", sind überaus konventionell und kompromissbereit. Sie gehen bei Kaufentscheidungen **keine Experimente** ein, sind sicherheitsorientiert mit einem starken Bedürfnis nach Verankerung und Zugehörigkeit. Darüber hinaus ist die Zielgruppe hedonistisch veranlagt – das Leben muss Spaß machen!

Dieses **adaptiv-pragmatische Milieu** interessiert sich für die Marke BMW aufgrund des versprochenen dynamischen Fahrerlebnisses und der vom Hersteller betonten wegweisenden Innovationen sowie Qualität. Emotional spricht sie aber vor allem die Prestigekraft der Marke an im Sinne eines Statussymbols für Erfolg im Leben. Dabei stört sie nicht, dass der BMW zuweilen als etwas brüsk wahrgenommen wird.

Als weltweit führender Hersteller von Premiumautomobilen kann die Marke BMW als der größte STAR unter den Automobilen bezeichnet werden. Der Slogan „Freude am Fahren" prägt seit Langem den Antrieb der Marke BMW. Ein Versprechen, das die BMW-Fahrzeuge bei ihren Kunden in aller Welt einlösen und die Entwickler von BMW immer wieder neu gestalten (BMW Group 2016).

Die Positionierung von Rolls-Royce entspricht dagegen dem Luxussegment. Sie ist eine DIVA. Rolls-Royce ist der exklusivste Hersteller von Luxusautomobilen weltweit. Dieser Ruf ist begründet in einer langen und herausragenden Tradition. Der Hersteller kann dabei auf eine ereignisreiche und besondere Vergangenheit zurückblicken, die das Unternehmen einzigartig in der Geschichte der Automobilindustrie macht. Die

Hauptzielgruppe des Rolls-Royce ist nach Sinus das sogenannte „konservativ-etablierte Milieu" (Sinus Institut 2016).

Die Menschen dieses klassischen Establishments sind durch ein **hohes Maß an Verantwortungs- und Erfolgsethik** gekennzeichnet sowie durch **Exklusivitäts- und Führungsansprüche.** Die Positionierung einer Marke sollte diesem Selbstbild der Zielgruppe entsprechen und ihr **Standesbewusstsein** pflegen. Durch den Erwerb von sehr seltenen und sehr hochpreisigen DIVA-Marken möchten sie sich im Sinne einer „Entre-nous"-Abgrenzung profilieren. Und all das leistet die Marke Rolls-Royce, denn als authentische DIVA ist der Rolls-Royce nicht nur ein Automobil des obersten Preissegments, das alles andere als Premium-Mainstream ist, sondern eine echte Ikone. Neben müheloser Fahrleistung und perfekter Ruhe bietet die Marke ihren Kunden einen Ausdruck von Stil und Souveränität (BMW Group 2016).

Selbst für das **klassische Establishment** ist der Erwerb eines Rolls-Royce eine außergewöhnliche Erfahrung. Visionäre Ingenieurskunst trifft auf fortschrittliche Technologien. Als echte DIVA unter den Automobilen werden nur die feinsten Materialien in Handarbeit verarbeitet. So bestechen die Automobile von Rolls-Royce durch eine einzigartige Mischung aus Opulenz, Finesse, Dynamik und Qualität (Rolls-Royce 2016).

Eines ist klar: Im Gegensatz zu einem BMW wird Rolls-Royce nie ein Massenprodukt werden und bei seinen Verkaufszahlen in einen fünfstelligen Bereich vorstoßen. Das ist schon aufgrund der Infrastruktur der Manufaktur nicht möglich, die trotz Übernahme durch die BMW Group in München immer noch in England angesiedelt ist – ganz im Sinne einer identitäts- und herkunftsbasierten Positionierung als britische Nobelkarosse. Egal wie hoch die Nachfrage sein wird, ein Rolls-Royce wird immer bewusst exklusiv und rar bleiben.

Bei der DIVA Rolls-Royce lautet das Thema also nicht Volumen, sondern Exklusivität. Das erwarten auch die Kunden von der Marke. Man kauft sich keinen Rolls-Royce, um von A nach B zu kommen. Denn ein Rolls-Royce ist einzigartig und bietet einen gewissen Führungsanspruch, der den symbolischen Nutzen nachhaltig prägt. In diesem Zusammenhang betonte der Rolls-Royce-Manager Peter Schoppmann in einem Interview mit dem Portal Wirtschaftsforum: „Wir haben keinen Wettbewerber im automobilen Bereich. Unsere Wettbewerber sind eher Häuser, Boote, Schmuck oder Gemälde" (Wirtschaftsforum 2016).

1.8 FAZ-Interview zu Luxusimmobilien in Deutschland

Das nachfolgende Interview mit mir erschien am 12. September 2014 in der FAZ unter dem Titel „Deutsche scheuen Luxuswohnungen eher – Über Luxus- und Premiumimmobilien, Selbstdarstellung und teuren Denkmalschutz. Die Fragen stellte mir Michael Psotta" (FAZ 12. September 2014; © Frankfurter Allgemeine Zeitung GmbH. Alle Rechte vorbehalten. Zur Verfügung gestellt vom Frankfurter Allgemeine Archiv.).

FAZ: Warum werden jedenfalls in großen Städten immer mehr Luxuswohnungen gebaut?
König: Dieses Phänomen ist mit einem wachsenden Wunsch nach einem exklusiven urbanen Leben zu erklären. Genauer gesagt ist es der Wunsch einer gebildeten, besser verdienenden und vielseitig interessierten Gruppe an Menschen nach einem urbanen Leben auf hohem Niveau, das ihnen Kunst, Kultur, Toleranz, Internationalität und eine Infrastruktur zur Vereinbarung von Familienleben und Karriere bietet. Daneben ist es aber auch der Wunsch dieser Menschen, innerhalb von Großstädten den persönlichen Lebensstil durch luxuriöses Wohnen zu zelebrieren. Mit anderen Worten wird luxuriöses Wohnen hier zum Ausdruck der eigenen Persönlichkeit – sei es zur Demonstration von beruflichem Erfolg und Intellekt. Wobei man für die Verwendung des Begriffs „Luxuswohnung" anmerken muss, dass Makler oftmals Wohnraum des Premiumsegments dem Luxusbereich zuordnen, um höhere Verkaufspreise zu erzielen.

FAZ: Was ist überhaupt eine Luxuswohnung?
König: Um den Begriff des Luxus festzumachen, hilft meiner Meinung nach eine Abgrenzung zum Premiumsegment. Premium zeichnet sich durch einen hohen Preis aus, der eine sehr gute Qualität garantiert, was allseits als sehr gutes Preis/Leistungsverhältnis im anspruchsvollen Bereich anerkannt wird. Luxus ist dagegen von großer Seltenheit bis hin zur Einmaligkeit definiert, die bspw. durch eine besondere Historie, Manufakturleistung bzw. Handwerkskunst zum Ausdruck kommt. Hinzu kommt beim Luxus bisweilen ein außergewöhnliches Design mit Symbolkraft. So lässt sich eine Luxus- von einer Premiumwohnung durch die Einmaligkeit unterscheiden, die einer Persönlichkeit und dem Wunsch entspricht, sich von der eher allgemein gültigen Preis-/Leistungsorientierung abzugrenzen. Luxuswohnen ist daher eher individuell, eher auf Einmaligkeit ausgerichtet wie das Wohnen in einem historischen Objekt oder einem alten Bunker.

FAZ: Wann wird eine Luxuswohnung zur Belastung?
König: Der Erhalt der Einmaligkeit geht mit einer besonderen Pflege einher, denn Luxus ist nach dieser Definition eher dem Denkmalschutz verpflichtet. Dagegen können Premiumwohnungen durchaus über die Zeit an Wert verlieren, wenn das Preis-/Leistungsverhältnis nicht mehr als ausreichend erachtet wird. Dieses Risiko dürfte bei Luxuswohnungen weitaus geringer ausfallen, wenn die erforderlichen Sanierungsarbeiten im Einklang mit der Einmaligkeit des Objekts und seiner Identität durchgeführt werden. Die einzigartige Identität einer Luxuswohnung zu erhalten kann aber sehr aufwendig und kostspielig sein – denkt man nur an die hohen Auflagen des Denkmalschutzamtes. Aber das steht wiederum im Einklang mit der eingangs aufgeführten Abgrenzung von Premium zum Luxus, bei dem es dem Käufer oder Investor schließlich um die bis-

weilen offene und manchmal auch zur Schau getragene Überwindung der Preis-/Leistungsorientierung geht.

FAZ: Fällt es den Deutschen besonders schwer, ihren Reichtum mit Trophäenwohnungen zu demonstrieren?
König: In Deutschland dürfte nach wie vor das Auto die Trophäe Nr. 1 zur Selbstdarstellung sein. Beim Wohnen wird dagegen eher ins Premiumsegment investiert. Lässt man einmal die finanziellen Kosten beiseite, dann investiert in Deutschland eher eine kleine Gruppe an gebildeten und vielseitig interessierten Menschen in luxuriöses, individuelles Wohnen. Im Vergleich zu anderen Ländern wie z. B. Frankreich, wo einzigartiger Stil und „verschwenderische" Kunst anerkannte Statussymbole in der Gesellschaft sind, genießt in Deutschland die Preis-/Leistungsorientierung des Premiumsegments nach wie vor Vorrang.

1.9 Exkurs: Der Prozess zum Aufbau einer Luxusmarke

Für Unternehmen, die sich mit einer Marke im Luxussegment positionieren möchten, wird im Folgenden ein Prozess zum Aufbau einer Luxusmarke erklärt. Hierüber lässt sich die identitätsbasierte Luxusmarkenführung mithilfe eines Methodenmix operationalisieren.

Für die Vorbereitung einer DIVA- bzw. Luxusmarkenstrategie sind in einem ersten Schritt die Wurzeln der Markenidentität zu analysieren. Dabei stehen der Gründer und/oder seine Nachfahren im Zentrum der Betrachtung, denn über ihre Identität lässt sich auch die Identität der Marke erklären. Wie bei Menschen ist auch bei Marken eine starke Identität die Voraussetzung von Vertrauen.

Dieser sehr anspruchsvolle erste Analyseschritt zu den Wurzeln der Identität und dem Gründereinfluss lässt sich am besten über **Tiefeninterviews mit dem ursprünglichen Gründer oder seinen Nachfahren** umsetzen.

▶ Das **Tiefeninterview** kann nach Salcher und Hoffelt (1995) definiert werden als „ein langes und intensives Gespräch zwischen Interviewer und Befragten über vorgegebene Themen, das der Interviewer in weitgehend eigener Regie so zu steuern versucht, dass er möglichst alle relevanten Einstellungen und Meinungen der Befragten zu diesen Themen erfährt, auch wenn es sich um Aspekte handelt, die der befragten Person bis zu diesem Zeitpunkt selbst noch nicht klar bewusst waren".

Fragen, die im Tiefeninterview in Bezug auf die Identität zu beantworten sind	
Herkunft bzw. Anfänge	• Wo und wie fing alles an? • Was trieb an? • Welche Vorbilder und Helden prägten und prägen? Warum?
Vision	• Welche Vision bzw. Ziele hatte der Gründer anfangs? • Wie lautet die heutige Vision?
Kompetenzen	• Was konnte der Gründer im Vergleich zu anderen anfangs besonders gut? • Wie ist das heute?
Werte	• Welche Werte hatte der Gründer? • Wie ist das heute?
Auftreten bzw. Persönlichkeit	• Wie ist das Auftreten des Gründers? • Wie kommuniziert die Marke und wie spiegelt dies den Gründer und seine Wurzeln wider? • Welche menschlichen Eigenschaften besitzt die Marke und wie reflektieren diese den Gründer? • Welche Symbole verwendet die Marke (Logo, Corporate Design etc.)?
Produkte/Leistungen	• Wie ist der Stil der Produkte und wie reflektiert er den Gründer? • Welche Stilelemente (zum Beispiel Materialien, Schleife) sind typisch für die Marke und wie reflektieren sie den Gründer? • Welche Produkte (zum Beispiel Kleidung, Schuhe) sind typisch und wie reflektieren sie den Gründer?

So werden die aus der Theorie der identitätsbasierten Luxusmarkenführung abgeleiteten Motive des kreativen Gründerschaffens und dessen Einfluss auf die Marke ermittelt. Abb. 1.9 stellt diesen Analyseschritt dar, in dem sich die Identität des Gründers wie eine äußere Schale um die Identität der Marke legt. Daraus lassen sich die **Wurzeln der Identität – ihre DNA – ableiten.**

Im nächsten Schritt werden das DIVA- bzw. Luxusmarkenpotenzial erfasst und mögliche psychologische Nutzenvarianten formuliert. Methodisch geschieht dies am besten in einem Fokusgruppeninterview mit fünf bis maximal zehn Teilnehmern.

▶ **Fokusgruppen** Dabei handelt es sich um eine leitfadengestützte, moderierte Diskussionsrunde. Zu den Teilnehmern sollten der Gründer und/oder seine Nachfahren, Vertreter der Geschäftsführung, Vertreter des Marketings und des Vertriebs gehören.

Dem **moderierenden Luxusmarkenexperten** kommt eine Schlüsselfunktion zu, denn er/sie übersetzt auf Basis des Ansatzes zur identitätsbasierten Luxusmarkenführung die Themen bzw. Ziele in einen Diskussionsleitfaden (Mayerhofer 2009, S. 477 ff.).

Schwerpunkt dieser Diskussionsrunde ist die interne Wahrnehmung der bisherigen Ausrichtung der Marke und der relevante Luxusmarkt mit seinen verschiedenen Akteuren.

1.9 Exkurs: Der Prozess zum Aufbau einer Luxusmarke

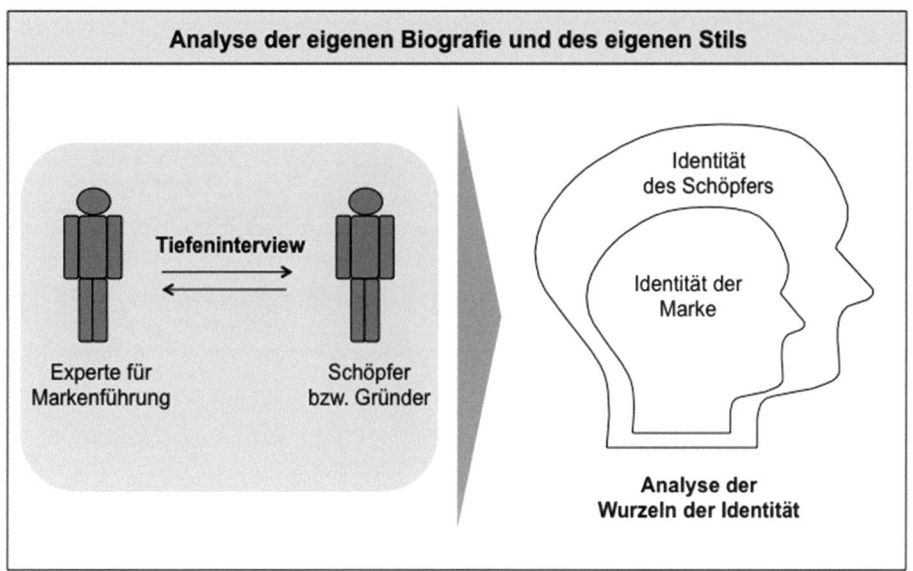

Abb. 1.9 Analyse der eigenen Biografie und des eigenen Stils

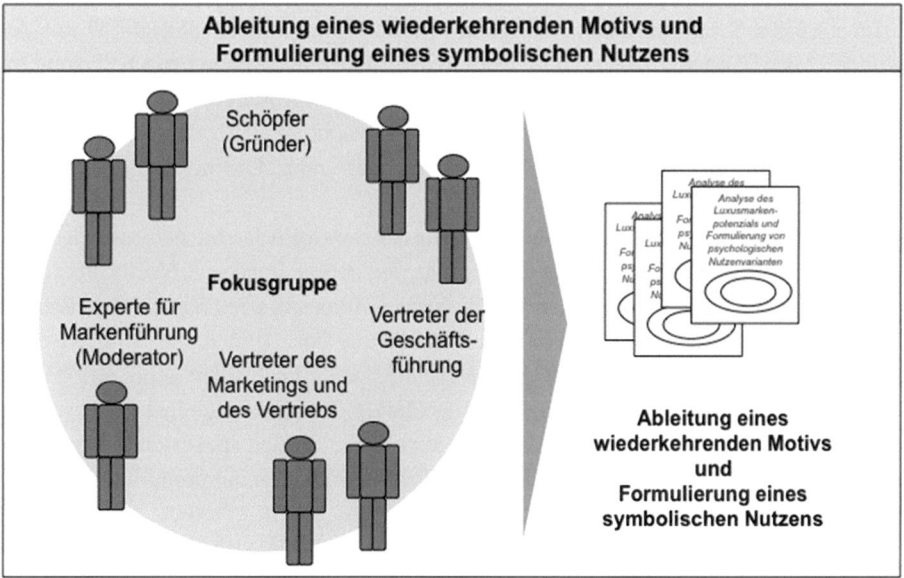

Abb. 1.10 Ableitung eines wiederkehrenden Motivs und Formulierung eines symbolischen Nutzens

Aus dem damit ermittelten Luxusmarkenpotenzial und der Identität der Marke lassen sich dann verschiedene psychologische Nutzenvarianten ableiten, die die zu testenden Imagedimensionen für die nachfolgende Konsumentenbefragung darstellen (vgl. Abb. 1.10).

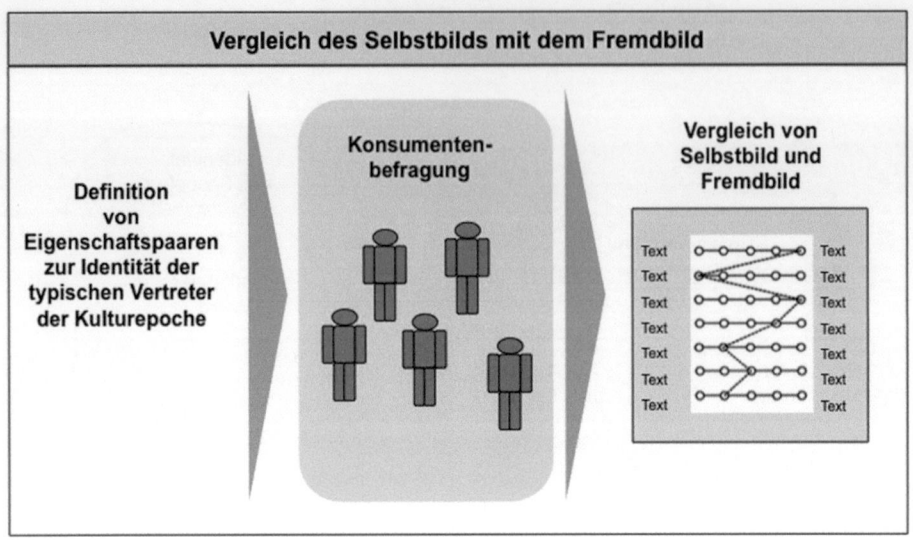

Abb. 1.11 Vergleich des Selbstbilds mit dem Fremdbild

Im nächsten Schritt erfolgt ein Abgleich des zuvor ermittelten Selbstbilds mit dem Fremdbild der DIVA (vgl. Abb. 1.11). Der Grad der Übereinstimmung von Selbstbild und Fremdbild ist die Quelle für Authentizität. Bei deren Überprüfung empfiehlt sich methodisch eine Konsumentenbefragung, die im Idealfall sowohl qualitativ über **Fokusgruppen als auch quantitativ per schriftlicher, telefonischer oder Online-Befragung** umgesetzt wird.

Aus dem **Vergleich zwischen Selbstbild und Fremdbild** lassen sich schließlich die psychologischen Nutzendimensionen ermitteln, auf deren Basis die Marke im Luxussegment als DIVA zu positionieren ist. Die Verknüpfung mit der Identität des Gründers ermöglicht den Aufbau eines authentischen Markenmythos, denn starke Gründerpersönlichkeiten, die häufig auch (neben dem Herkunftsland) die Namensgeber der Marken sind, prägen Luxusmarken in vielen Fällen nachhaltig. Dies lässt sich besonders gut über „Storytelling" vermitteln. Eine ebenfalls wichtige Rolle für den spezifischen Mythos der **Marke** spielen Symbole, die nicht wie bei generischen Marken nur der Orientierung dienen (Lasslop 2005, S. 476 ff.).

Nach der Positionierung der Marke im Luxussegment ist je nach **Unternehmensportfolio** auch die **Markenarchitektur** anzupassen. Dies ist besonders wichtig, wenn andere Marken des Unternehmens beispielsweise im Basis- oder Premiumsegment positioniert sind. Aber auch wenn alle Marken das Luxussegment bedienen, gilt es, eine Kannibalisierung zu vermeiden.

1.10 Lernkontrolle

Kurz zusammengefasst

- Marken müssen Differenzierungskraft haben.
- Das Bild eines Stars steht für das Premiumsegment.
- Der **STAR-Positionierungsbereich** für Premiummarken bezieht sich auf:
  - Funktional: Hochwertige Qualität mit anerkanntem Design.
  - Symbolisch: Prestige bzw. Geltung.
- Der DIVA-Positionierungsraum: Das Bild der Diva steht für das Luxussegment.
- Der **Positionierungsbereich** für Luxusmarken bezieht sich auf:
  - Funktional: Handwerkskunst und Originaldesign.
  - Symbolisch: Individualität und Abgrenzung.

Fragen zum Nachdenken

1. Wie sieht Ihre eigene Marke aus? Was ist Ihre Differenzierungskraft? Sind Sie eher Premium oder eher Luxus?
2. Ist der Begriff der Luxusmarke nicht ein Widerspruch in sich? Luxus muss doch immer auch Individualität sein. Ist es dann überhaupt noch eine Marke?

Literatur

Aaker, D. A. (2014). *Aaker on branding*. New York: Morgan James.
Aaker, D. A., & Joachimsthaler, E. (2000). *Brand leadership*. New York: Freepress.
Berry, C. J. (1994). *The idea of luxury – a conceptual framework and historical investigation*. Cambridge: Cambridge University Press.
BMW Group (2016). Begeisternde Marken: Der Kunde im Mittelpunkt. https://www.bmwgroup.com/de/marken.html. Zugegriffen: 15. Apr. 2016.
BurdaLife (2014). Nicht veröffentlichte Unterlage zur Positionierung der Zeitschrift Places of Spirit.
Burmann, C., & Meffert, H. (2005). Theoretisches Grundkonzept der identitätsorientierten Markenführung. In: C. Burmann, H. Meffert, & M. Koers (Hrsg.), *Markenmanagement: identitätsorientierte Markenführung und praktische Umsetzung* (S. 37–72). Wiesbaden: mit Best Practice-Fallstudien.
Burmann, C., & Riley, N. (2008). Towards an identity based understanding of brand management – A conceptual approach Research Paper submitted for: The Thought Leaders International Conference on Brand Management, Birmingham, 15–16th April 2008, S. 1–19.
Burmann, C., Halaszovich, T., & Hemmann, F. (2014). *Identitätsbasierte Markenführung: Grundlagen - Strategie - Umsetzung - Controlling*. Wiesbaden.
Burmann, C., Halaszovich, T., Schade, M. F., & Hemmann, F. (2015). *Identitätsbasierte Markenführung: Grundlagen – Strategie – Umsetzung – Controlling*. Wiesbaden: Springer Gabler.
Büttner, M., Huber, F., Regier, S., & Vollhardt, K. (2008). *Phänomen Luxusmarke*. Wiesbaden: Gabler.
Duravit (2016). Aktuelle Pressemitteilungen, 2014, http://www.duravit.de/service/presse__aktuelles/pressemitteilungen/news_detail.de-de.html;jsessionid=955E41414992712BA80ABAFAC6B4B476?id=8a8a818d4e86d27b014e87dd23511f2c&year=2013. Zugegriffen: 6. Juni 2016.
FAZ. (2014). Deutsche scheuen Luxuswohnungen eher. Interview von Michael Psotta mit Verena König. 12.9.2014. © Frankfurter Allgemeine Zeitung GmbH. Alle Rechte vorbehalten. Zur Verfügung gestellt vom Frankfurter Allgemeine Archiv.

Gilmore, G. W. (1919). *Animism*. Boston: Marshall Jones Company.
Kapferer, J.-N., & Bastien, V. (2009). *The luxury strategy. Breaking the rules of marketing to build luxury brands*. London: KoganPage.
König, V. (2014). *Wie werde ich eine DIVA? Marketing für junge Modedesigner*. Wiesbaden: Springer Gabler.
König, V., & Burmann, C. (2012). Einführung zur identitätsbasierten Luxusmarkenführung. In: C. Burmann, V. König, & J. Meurer (Hrsg.), *Identitätsbasierte Luxusmarkenführung: Grundlagen - Strategien - Controlling* (S. 3–12). Wiesebaden.
Kroeber-Riel, W., & Esch, F.-R. (2004). *Strategie und Technik der Werbung* (6. Aufl.). Stuttgart: Kohlhammer.
Lasslop, I. (2005). Identitätsorientierte Führung von Luxusmarken. In H. Meffert, C. Burmann, & M. Koers (Hrsg.), *Markenmanagement – Grundfragen der identitätsbasierten Markenführung* (S. 469–491). Wiesbaden: Gabler.
Leibenstein, H. (1950). Bandwagon, Snob, and Veblen effects in the theory of consumers' demand. *Quarterly Journal of Economics, 64*, 183–207.
Maloney, P. (2007). *Absatzmittlergerichtetes, identitätsbasiertes Markenmanagement: Eine Erweiterung des innengerichteten, identitätsbasierten Markenmanagements unter besonderer Berücksichtigung von Premiummarken*. Wiesbaden: Gabler.
Mayerhofer, W. (2009). Das Fokusgruppeninterview. In R. Buber & H. H. Holzmüller (Hrsg.), *Qualitative Marktforschung – Konzepte – Methoden – Analysen* (S. 477–490). Wiesbaden: Gabler.
Meffert, H., & Burmann, C. (1996): Identitätsorientierte Markenführung - Grundlagen für das Management von Markenportfolios, Arbeitspapier, Nr. 100, Wissenschaftliche Gesellschaft für Marketing und Unternehmensführung e.V. Münster.
Meffert, H., Burmann, C., & Kirchgeorg, M. (2008). *Marketing: Grundlagen marktorientierter Unternehmensführung*. Wiesbaden: Gabler.
Mühlmann, H. (1975). *Luxus und Komfort – Wortgeschichte und Wortvergleich*. Bonn: Rheinische Friedrich-Wilhelms-Universität.
Mutabor (2014). Der MUTABOR Brand Report 2014. http://www.presseportal.de/pm/115179/2874237. Zugegriffen: 13. Juni 2016.
Porter, M. E. (1980). *Competitive strategy: Techniques for analyzing industries and competitors: With a new introduction*. New York: The Free Press.
Recke, T. (2011). *Die Bestimmung der Repositionierungsintensität von Marken, Ein entscheidungsunterstützendes Modell auf Basis von semantischen Netzen*. Wiesbaden: Gabler.
Rolls-Royce (2016). Willkommen bei Rolls-Royce, http://www.rolls-roycemotorcars-muenchen.de/. Zugegriffen: 10. Apr. 2016.
Salcher, E. F., & Hoffelt, P. (1995). *Psychologische Marktforschung*. Berlin: De Gruyter.
Sälzer, B. (2008). Geleitwort. In M. Büttner, F. Huber, S. Regier, & K. Vollhardt (Hrsg.), *Phänomen Luxusmarke. Identitätsstiftende Effekte und Determinanten der Markenloyalität*. Wiesbaden: Gabler.
Shaw, R. P. (2010). *Farrow & ball living with colour*. London: Ryland Peters.
Sinus Institut (2016). Sinus Milieus Deutschland. http://www.sinus-institut.de/sinus-loesungen/sinus-milieus-deutschland/. Zugegriffen: 6. Apr. 2016.
Sirgy, M. (1982). Self-concept in consumer behaviour. *Journal of Consumer Research, 9*, 287–300.
Sommer, R. (1998). *Die Psychologie der Marke Deutscher*. Frankfurt: DeutscherFachverlag.
Veblen, T. (1899). *The Theory of the Leisure Class Theorie der feinen Leute: Eine ökonomische Untersuchung der Institutionen*. Köln: Kiepenheuer & Witsch.
Vigneron, F., & Johnson, L. W. (2004). Measuring perceptions of brand luxury. *Journal of Brand Management, 11*(6), 484–506.

Management und Wirkungen von Marke-Kunden-Beziehungen im Konsumgüterbereich - eine Analyse unter besonderer Berücksichtigung des Beschwerdemanagements und der Markenkommunikation Universität Bremen, Lehrstuhl für innovatives Markenmanagement.

Wirtschaftsforum (2016). Interview mit Peter Schoppmann, Regional Director Rolls-Royce Motor Cars Deutschland, Ein Stück Wirtschaftsgeschichte – die erfolgreiche Revitalisierung der Marke Rolls-Royce. http://www.wirtschaftsforum.de/interviews/ein_stuck_wirtschaftsgeschichte_die_erfolgreiche_revitalisierung_der_marke_rolls-royce/. Zugegriffen: 10. Mai 2016.

Wyrwa, U. (2003). Luxus und Konsum Begriffsgeschichtliche Aspekte. In R. Reinhold & T. Meyer (Hrsg.), *Luxus und Konsum. Eine historische Annäherung* (S. 47–60). Münster: Waxmann.

Zimbardo, P. G. (1995). *Psychologie*. Berlin: Springer.

Teil II
Operative Grundlagen zur Luxus- und Premiummarkenführung

Produktmanagement

2

> **Was Sie in diesem Kapitel erwartet**
> Der Leistungsanspruch der Nachfrager an das Produkt spiegelt den Unterschied zwischen einer Luxus- und einer Premiummarke wider. In diesem Kapitel werden auf Basis des DIVA-Prinzips für Luxusmarken und des STAR-Prinzips für Premiummarken Unterschiede hinsichtlich des Qualitätsverständnisses, des Herstellungs- bzw. Manufakturprozesses, der Kennzeichnung der Leistungen durch ein Logo und der Aussagekraft einer eigenen Designsprache beschrieben. Eine Vielzahl an Beispielen dient zur Vertiefung der Erkenntnisse.

2.1 STAR: „Schaffen Sie ein gefälliges Qualitätsprodukt mit prominentem Logo!"

Starten wir mit dem Produktmanagement bzw. mit der Gestaltung der Produkte im Premium- und Luxussegment. Dabei bezieht sich der Begriff Produkt sowohl auf materielle Güter, also Sachgüter, die gegenständlich sind, wie beispielsweise Fahrzeuge, als auch auf immaterielle Waren, wie beispielsweise Dienstleistungen, die nicht gegenständlich sind. Auch bei Dienstleistungen gibt es eine Fülle an Marken, die dem Premiumbereich zuzuordnen sind, wie beispielsweise die Deutsche Telekom, oder dem Luxusbereich, wie beispielsweise die Lufthansa First Class. Wie in Kap. zur strategischen Markenführung beschrieben, stehen Qualität und ein gefälliges Design mit einem besonderen Prestigeeffekt bei einem Premiumprodukt – also bei einem STAR-Produkt – im Vordergrund. So wie ein Star eine sehr gute – also qualitätsorientierte – Schauspiel- oder Gesangsausbildung genossen hat, um an interessante Aufträge zu kommen, muss auch ein Premiumprodukt immer zugleich ein Qualitätsprodukt sein. Aus den Signalen des STARS zu seiner Qualität zieht der Kunde bei der Kaufentscheidung Sicherheit in Bezug auf die

Haltbarkeit und die Verwendung hochwertiger Materialien. Daneben gibt sie ihm aber auch die Gewissheit, in bestimmten Situationen eine besondere Reaktion seiner Umwelt, wie beispielsweise Wertschätzung, erfahren zu dürfen. Die stellt einen positiven Effekt für die soziale Identität eines Menschen dar (u. a. Maloney 2007, S. 94 ff. in Anlehnung an Albert et al. 2000, S. 13 ff.).

Zum Aufbau einer STAR-Marke bedarf es demnach einer **Investition in die Qualität** der Produkte und Dienstleistungen. Insbesondere in hart umkämpften globalen Märkten ist dies für viele Unternehmer zu einer Art Überlebensstrategie gegenüber Billiganbietern geworden. In der theoretischen Diskussion wird Qualität deshalb als das wichtigste Differenzierungsmerkmal zur generischen Marke bezeichnet (Müller 2013). Aus Anbietersicht stellt es das zentrale Argument für einen höheren Preis dar.

2.1.1 Qualität, Modernität und Konformität

Qualität bedeutet im Premiumsegment vor allem Haltbarkeit und Modernität, den neuesten Stand der technologischen Entwicklung und dass die Substanzen frei von Schadstoffen sowie Nebenwirkungen sind. Daneben erwarten Kunden im Premiumsegment häufig auch einen sehr guten Kundenservice inklusive eines zuvorkommenden Beschwerdemanagements (Sivakumar et al. 2014, S. 41 ff.).

> **Effizienzhäuser von GUSSEK**
> Seit Jahren entwickelt sich der Markt für Fertighäuser positiv. Dabei ist ein modernes Fertighaus nicht nur eine Frage anspruchsvoller Architektur und Planung, sondern im Premiumsegment kommt es auch darauf an, beim Hausbau nachhaltig und energieeffizient zu agieren. Ein reduzierter Energieverbrauch ist dabei nur ein Beleg für weitsichtiges und verantwortungsvolles Handeln. Grundlage für jedes Effizienzhaus bzw. Energiesparhaus ist eine sinnvolle Wärmedämmung. So wird z. B. bei GUSSEK-Energieeffizienzhäusern eine zweischalige Außenwand mit vorgesetzter Verblendsteinfassade verwendet (Gussek 2016).

Eine theoretische Basis für das Empfinden von Qualität stellt die soziale Austauschtheorie dar, der zufolge Handlungen auf der Basis eines rationalen Abgleichs von zu leistenden Beiträgen und zu erwartenden Belohnungen – in diesem Fall also Qualität – erfolgen. Qualität ist also das, was der Kunde im Premiumsegment für den höheren Preis erwartet (Maloney 2007 in Anlehnung an Adams 1972).

> **Qualität als Kriterium der ersten Markendefinitionen**
> Übrigens war Qualität schon das zentrale Kennzeichen des klassischen Markenbegriffs nach Domizlaff im Jahr 1939. Für ihn war eine konstante und hohe Warenqualität mit gleichbleibendem Erscheinungsbild eines der wichtigsten Kriterien eines Markenprodukts. Noch heute ist man sich in der theoretischen Diskussion darüber einig, dass eine gleichbleibende Qualität eine wichtige Voraussetzung von Markenvertrauen ist (Burmann et al. 2015).

Aber wie kann man Qualität im Premiumsegment sichern?
Die Sicherung der Qualität folgt einem strengen Prozess und beginnt zunächst mit einer ausreichenden Planung, gefolgt von einer anschließenden überzeugenden Kommunikation innerhalb des Unternehmens und endet mit einer tatkräftigen Führung bei der Umsetzung und anschließenden effektiven Kontrolle.

Planung des Premiumqualitätsmanagements
Bei der Planung stellt sich immer zu Beginn die Frage, welche Aspekte des Qualitätsmanagements für den Erfolg im Premiumsegment besonders entscheidend sind. Aber was bedeutet das?

Die Antwort lautet: Es kommt drauf an! Genauer gesagt kommt es auf die Positionierung der Premiummarke an. Diese leitet sich aus der jeweiligen Identität der Marke ab. So gibt es beispielsweise Technologiemarken, deren Qualität sich vor allem auf messbare Eigenschaften bezieht, die auch entsprechend in der Kommunikation herausgestellt werden muss – wie beispielsweise bei der Marke Siemens. Es gibt aber auch Premiummarken wie beispielsweise das Magazin „Schöner Wohnen", das durch eine besondere Gestaltung von Bildern, aber auch einen redaktionellen Anspruch überzeugt.

Neben der **Positionierung spielt natürlich auch die Erwartungshaltung der eigenen Kunden** eine besondere Rolle und muss in die Zielsetzung als wichtige Größe mit einbezogen werden. Der Kunde ist im Premiumsegment König und der STAR will es ihm schließlich recht machen.

Liegen die obersten Ziele des Qualitätsmanagements fest, geht es im nächsten Schritt um die Konzeption der Qualitätspolitik und -strategie, welche sich beispielsweise auf eine Prozessorientierung, die Einführung eines umfassenden Qualitätsmanagements (Total Quality Management) oder bestimmter Qualitätsansprüche (beispielsweise Null-Fehler-Strategien) beziehen kann (Müller 2013).

Kommunikation des Premiumqualitätsmanagements
Nach der Planung erfolgt die Kommunikation des Qualitätskonzepts innerhalb des Unternehmens, bei der das Verstehen, das Überzeugen und das Motivieren die großen Herausforderungen darstellen. Im Sinne einer nach innen gerichteten, identitätsbezogenen Markenführung kann erfolgreiches und qualitätsorientiertes Management einer Marke schließlich als ein **Prozess von innen nach außen** angesehen werden. Auch eine Zusammenfassung des Qualitätsanspruchs in einem Leitbild kann für eine Organisation hilfreich sein. Dadurch kann ein Bewusstsein für die Wichtigkeit der Marke geschaffen werden. Voraussetzung ist, dass sowohl alle neu eingestellten Mitarbeiter als auch alle bereits dem Unternehmen zugehörigen Mitarbeiter die **Markenidentität verstanden und verinnerlicht** haben (Maloney 2007, S. 94 ff. in Anlehnung an Burmann und Zeplin 2005, S. 125 ff.).

> **Qualitätsmanagement am Heidelberger Universitätsklinikum**
> Am Universitätsklinikum Heidelberg wurde vor einigen Jahren ein Strukturkonzept zum Qualitätsmanagement beschlossen, das alle Ebenen und Berufsgruppen einbe-

zieht und Aufgaben festlegt. Entscheidend für den Erfolg ist das Sicherstellen der Kommunikationswege unter allen Beteiligten. Organisatorisch beinhaltet das Konzept mehrere Bereiche (z. B. Gremien, Kommissionen und Arbeitsgruppen) mit besonderen Aufgaben zur Wahrung der Qualität (Projekte, Qualitätsberichte), aber auch zur Patientenrückmeldung, zum Beschwerdemanagement etc. Ziel ist, dass am Heidelberger Universitätsklinikum allen Mitarbeitern die Anforderungen der Kunden bzw. Patienten, deren Angehörigen und anderen mehr sowie rechtliche und professionelle Rahmenbedingungen bekannt sind, fortlaufend ermittelt werden und in den Arbeitsalltag mit einbezogen werden. Die Arbeitsabläufe werden so auf festgelegte Zielsetzungen ausgerichtet, geplant und aufeinander abgestimmt (Universitätsklinikum Heidelberg 2015).

Ganz allgemein wirken bei einer **internen Kommunikation im Premiumsegment** die zentrale Kommunikation und die Kaskadenkommunikation am effektivsten, da sie am sichersten die relevanten Inhalte transportieren. Eine laterale Kommunikation, also eine eher informelle Kommunikation, die auch manchmal als die „Gerüchteküche" bezeichnet wird, kommt vor allem bei Widerständen zum Einsatz (Maloney 2007 in Anlehnung an Burmann und Zeplin 2005):

- Die **zentrale Kommunikation** geht von einer zentralen Abteilung aus, in der Regel der Kommunikationsabteilung. Hierbei folgt die häufigste Art der zentralen Kommunikation dem Push-Prinzip. Dabei werden meist schriftliche Materialien (beispielsweise Mitarbeiterzeitungen, Handbücher, Newsletter, Rundschreiben) verteilt, um über die Qualitätsanforderungen und Maßnahmen im Premiumsegment zu informieren (u. a. Welch und Jackson 2007).
- Die **Kaskadenkommunikation** beginnt weit oben im Unternehmen, idealerweise bei der Geschäftsführung, und wird dann top-down durch die Hierarchie weitergegeben. Auch sie ist dazu geeignet, gezielt Informationen zum Qualitätsmanagement im Premiumsegment an alle Mitarbeiter weiterzureichen. Sie ist aber wesentlich aufwendiger als die zentrale Kommunikation (u. a. Piehler 2011).

Im Gegensatz zur zentralen Kommunikation, die vor allem für eine schnelle Informationsvermittlung steht, ist der Vorteil der Kaskadenkommunikation für das Qualitätsmanagement, dass sie für kritische Angestellte weitaus überzeugender wirkt, da Informationen vom direkten Vorgesetzten als glaubwürdiger wahrgenommen werden als Informationen von einer zentralen Stelle. Die Kaskadenkommunikation ist jedoch nur möglich, wenn die einzelnen Führungskräfte selber von der Richtigkeit und Bedeutsamkeit der Qualitätsziele und Maßnahmen überzeugt sind. Die Kaskadenkommunikation muss immer mit der direkten Kommunikation mit den Führungskräften beginnen (Maloney 2007).

Qualität im Premiumsegment – Real Estate School von Dahler & Company

Das Unternehmen Dahler & Company, das sich auf die Vermittlung und Vermarktung von Immobilien spezialisiert hat, ist ein Beispiel für eine Premiummarke. Auf ihrer Internetseite werben sie mit Qualitätsstandards und Professionalität. Um diese Ausrichtung der Marke glaubwürdig zu belegen und die Qualität langfristig sicherzustellen, hat das Unternehmen mit der sogenannten „Real Estate School" eine eigene Akademie für Mitarbeiter und Partner gegründet. In mehrwöchigen Schulungen beschäftigt sich jeder neue Mitarbeiter mit fachspezifischen Themen wie Immobilien- und Steuerrecht, Architektur- und Baustilkunde. Neben einem Qualitätssignal nach außen werden auf diese Weise die Arbeitsmethoden des Premiumanbieters Dahler & Company sowie ein breites Grundwissen vermittelt (Dahler & Company 2016).

In der Praxis kann die Kommunikation des Premiumqualitätsmanagements in einer Organisation nicht einfach delegiert werden, denn das Management der Qualität muss als Kernaufgabe der Führungsebene verstanden werden (Müller 2013, S. V, 3). Dabei ist besonders wichtig, dass die Kommunikation immer einer **Markenauthentizität** folgt, worunter man nach Burmann und Schallehn (2008, S. 44) eine **„empfundene Wahrhaftigkeit des proklamierten Markennutzens"** verstehen kann. Die gemeinsame Entwicklung eines Leitbilds, in dem der Anspruch an Qualität festgehalten wird, ist hilfreich. Dabei kann sich eine Einbeziehung von Mitarbeitern identitätsstiftend auswirken.

> **Qualität im Leitbild der Premiummarke Bosch**
>
> Das Unternehmen Bosch hat das Thema Qualität in seinem Leitbild festgehalten und setzt dabei vor allem auf eine ausreichende Planung und Strategie:
>
> Fehlervermeidung hat Vorrang vor Fehlerbeseitigung. Wir wenden deshalb konsequent Methoden und Werkzeuge der vorbeugenden Qualitätssicherung an. Wir lernen aus Fehlern und beseitigen unverzüglich die Fehlerursachen (Bosch Leitbild Qualität 2015).

Organisation und Führung beim Premiumqualitätsmanagement
Nach der Planung und Kommunikation des Qualitätsmanagements erfolgen die Organisation und Führung während der Umsetzungsphase. Dabei versteht sich erfolgreiches Qualitätsmanagement im Premiumsegment als Prozess, so wie auch ein Star immer kontinuierlich an sich arbeiten muss, um gefragt zu sein. Aber nur wenn es zu einem harmonischen Zusammenspiel der Akteure kommt, kann Qualitätsmanagement im Premiumsegment erfolgreich sein. So wie ein Schauspieler nur zum Star aufgebaut werden kann, wenn das Team dahinter kooperiert. Deshalb sind bei der Organisation eines wirksamen Qualitätsmanagementsystems geeignete **Regelungen und Verfahren** notwendig, um einerseits eine kontinuierliche Umsetzung und andererseits einen Fit zur organisatorischen Gesamtstruktur des Unternehmens sicherzustellen (u. a. Powel 1995).

Das richtige Festlegen von Verantwortungen und Befugnissen im Unternehmen ist dabei erfolgsentscheidend. Dies alles funktioniert nur mit einer effektiven Führung, bei der die zwischenmenschlichen Beziehungen durch das persönliche Vorleben im Zentrum stehen. Nur dann ist Führung authentisch, nur dann ist eine Qualitätsorientierung glaubwürdig. Hier kommt dem CEO und der Geschäftsführung durch ihre **Vorbildfunktionen** eine besonders große Bedeutung zu. Rolke (2004) zeigt, dass in der Außenwahrnehmung eine Korrelation zwischen dem **CEO-Image** und dem Markenimage besteht. Dasselbe gilt in besonderem Maße nach innen, das heißt Mitarbeiter nehmen innen gerichtete Markenmanagementaktivitäten häufig nur dann ernst, wenn sie durch die Worte und Taten des CEOs und der Geschäftsleitung unterstützt werden. Ansonsten obliegt es auch allen übrigen Mitarbeitern in Führungsverantwortung, die Inhalte der Markenidentität aktiv vorzuleben (Maloney 2007 in Anlehnung an Rolke 2004 und Brexendorf et al. 2008).

> **Vorleben von Qualitätsmanagement durch den CEO – Beispiel HiPP**
> Die Babymarke HiPP ist ein Beispiel für das Vorleben von Qualitätsmanagement durch die Symbolfigur Claus Hipp. Er symbolisiert durch seine Aussagen den Qualitätsanspruch des Hauses. Die theoretische Basis für dieses Phänomen ist die soziale Lerntheorie, gemäß derer bei anderen Menschen beobachtete Verhaltensmuster, beispielsweise das von Claus HiPP, Lerneffekte hervorrufen. Bestimmte Maßnahmen haben nur deshalb Erfolg, weil sie von entsprechender markenorientierter Führung unterstützt werden, die ihnen Glaubwürdigkeit und Dringlichkeit verleihen (Maloney 2007, S. 94 ff. in Anlehnung an Burmann et al. 2007; Esch und Vallaster 2005).

Kontrolle des Premiumqualitätsmanagements

Nach der Verankerung des Qualitätsmanagements in der Organisation ist die regelmäßige Kontrolle der Abläufe erfolgsentscheidend für die langfristige Verteidigung einer Premiumpositionierung im Markt. Dabei sollte eine Überprüfung von Effektivität und Effizienz des Qualitätsmanagements durch regelmäßige **interne Audits und Managementbewertungen** erfolgen. Beispielsweise könnte im Rahmen dieser Bewertungen eine Messung der Kundenzufriedenheit und eine Reaktion auf Rückmeldungen des Kunden erfolgen (u. a. Blut et al. 2015). Daneben sichert das Festlegen von Strukturen und Zielen schließlich eine kontinuierliche Verbesserung und Innovation. Dazu gehören beispielsweise Mitarbeitertrainings und eine Lieferantenertüchtigung (Müller 2013).

Zu guter Letzt umfasst die Kontrolle einen in festgelegten regelmäßigen Zeitabständen erfolgenden Vergleich des aktuellen Status mit den Zielen. Auch ein Star will schließlich wissen, ob er sein Publikum erreicht hat.

Entscheidend ist bei einer Abweichung die Ableitung von Maßnahmen sowie das Festlegen von Verbesserungsmaßnahmen. Hilfreich ist dabei das Festlegen eines umfassenden Kennzahlengerüstes beispielsweise mit einer **Balanced Scorecard.**

Abfrage der Qualitätswahrnehmung einer Marke

In der Literatur gibt es verschiedene Skalen zum Messen der Qualität, wie etwa bei Baalbaki und Guzmán (2016):

- The reliability of (Brand X) is very high.
- (Brand X) is consistent in the quality it offers.
- The performance of (Brand X) is very high.
- The quality of (Brand X) is extremely high.
- The functionality of (Brand X) is very high.

- (Brand X) has consistent quality.
- (Brand X) performs consistently.
- (Brand X) has an acceptable standard of quality.
- (Brand X) is well made.

Im Premiumsegment dient die Qualitätskontrolle immer dem Zwecke der Kundenzufriedenheit. Nach dem **Konfirmations-/Diskonfirmationsparadigma** erfolgt eine Zufriedenheit des Kunden bei Konfirmation, also Bestätigung durch die Marke. Eine negative Diskonfirmation, also Nicht-Bestätigung durch eine Marke, kann dagegen beim Nachfrager zu Unzufriedenheit führen, was sich in negativer Mund-zu-Mund-Propaganda, Beschwerden und Abwanderung ausdrücken dürfte (Homburg et al. 2008, S. 106 f.). Kundenzufriedenheit ist schließlich eine wichtige Voraussetzung von Kundenbindung.

▶ **Kundenbindung** Unter Kundenbindung versteht man die „Treue des Kunden gegenüber dem Anbieter, die sowohl bisheriges Verhalten als auch die Absicht zu zukünftigem Verhalten umfasst und damit neben dem reinen Kaufverhalten auch eine positive Einstellung gegenüber dem Anbieter beinhaltet" (Homburg et al. 2008, S. 110).

Kundenzufriedenheitsstudien zur Qualitätssicherung bei der Telekom
Als Premiumanbieter führt die Telekom jährlich in Kooperation mit dem TÜV Rheinland eine Kundenzufriedenheitsstudie mit den Service-Hotlines, den Telekom Shops und dem Technischen Service durch. Durch dieses Controlling erhielt die Telekom im Jahr 2015 für ihren Service an Hotlines, in Shops und beim Technischen Service zum dritten Mal in Folge das TÜV-Siegel und die Gesamtnote „gut".

Zur Studie: Der TÜV Rheinland hatte im Februar 2015 2750 Kunden bei einer repräsentativen Stichprobe wie in den beiden Vorjahren nach ihren Erfahrungen gefragt. Erneut wurden Zuverlässigkeit, Freundlichkeit und Kompetenz bewertet. Die meisten Befragten äußerten sich positiv, was in der guten Gesamtnote mündete (Deutsche Telekom 2015).

Durch die Transparenz der Märkte und insbesondere Social Media rücken auch Zulieferermarken zunehmend ins Visier der Kunden. Typische Beispiele sind die Textilmembran Gore-Tex, die als Qualitätsmerkmal für Outdoorbekleidung gilt, Auto-Musikanlagen von Bose, die es nur ab Werk und vor allem für Oberklassewagen gibt, und Optiken von Carl Zeiss, mit denen Kamera- und Handyhersteller ihre Produkte aufwerten. Diese gezielte Vermarktung wird in der Literatur auch als **„Ingredient Branding"** bezeichnet. Sie bildet eine wichtige Voraussetzung für den Vertrauensaufbau zur Marke. Diese Form der Premiummarkenführung funktioniert allerdings nicht für alle Produktkooperationen. Laut John Quelch, Marketingprofessor an der Harvard Business School, gilt hierbei als wichtige Bedingung, dass sich die Qualitätseigenschaften einer Marke deutlich von Wettbewerbermarken unterscheiden (Domke 2009).

> **Bose: Premiumzulieferer von Mercedes-Benz**
>
> Der HiFi-Spezialist und Musiksystemhersteller Bose arbeitet seit 1985 mit Mercedes-Benz zusammen. Nach einem ersten Anlauf 1987 veredelt seit 1991 ein Bose-Soundsystem die neue Baureihe 140 der S-Klasse und damit die Marke Mercedes-Benz. Hierbei geht es um maschinell perfekte und sehr subtile Eingriffe in die Karosserie, die das automobile Hörvergnügen beflügeln. Statt nachträglicher Laubsägearbeiten am Interieur des Wagens oder gar Scherenschnitten an seinem Stahlblech werden akustische Maßnahmen schon während der ersten Konstruktionsentwürfe des Fahrzeugs geplant. Das Besondere bei Bose und Mercedes ist der dezente Einbau der insgesamt elf Einzellautsprecher, die in sieben Gruppen zusammenarbeiten. In der Heckablage sitzen mehrere sorgfältig verkleidete und vom Lüftungssystem des Fahrzeugs mechanisch abgeschirmte Tieftonchassis, die man nicht auf den ersten Blick als potente HiFi-Boxen identifiziert (Spehr 2015).

Konformität – Gefälliges Design im Premiumsegment

Neben der hohen Qualität im Premiumsegment spielt das Design eine besondere Rolle. Durch Globalisierung und Internet haben Kunden heutzutage mehr und mehr Informationen und können sowohl Produkte als auch Dienstleistungen direkt miteinander vergleichen. Die Folge ist, dass der Anspruch an die Leistungseigenschaften im Premiumsegment immer mehr steigt. Durch das vielfältige Angebot erscheinen Produkte und Dienstleistungen häufig austauschbar und es bedarf anderer Differenzierungsmöglichkeiten (Atwal und Williams 2009). Ein gefälliges Design rückt dadurch ins Zentrum der Markengestaltung. Aber was bedeutet Gefälligkeit?

Gefälligkeit heißt, dass sich das Design am gängigen Geschmack eines qualitätsbewussten Massenmarktes orientiert. Der Kunde ist König und hat im Premiumsegment immer Recht. Gefälligkeit bedeutet, dass man sich wie ein Star stets an der **Mode und an Trends orientiert.** Von Bedeutung sind demnach eine Analyse des Massengeschmacks und eine konsequente Umsetzung dessen ins Produktdesign.

Um Risiken zu vermeiden, orientieren sich viele Premiumanbieter nicht selten an ihrem Marktumfeld. Fragen, die es zu beantworten gilt, lauten: Was läuft? Was läuft nicht? Ein Chefdesigner muss sich diesem Marktdogma unterordnen. Aber warum ist das so? Dies lässt sich wieder mit dem STAR-Prinzip für Premiummarken erklären: Ein Star lebt davon, Fans zu haben. Und wenn ein Star merkt, dass seine Konkurrenz gut am Markt mit einem bestimmten Angebot ankommt, dann wird es der Star in der Regel in irgendeiner Weise übernehmen. Selbst echte Innovationen werden nur dann umgesetzt, wenn davon ausgegangen werden kann, dass sie von der breiten Masse angenommen werden. Nicht selten orientieren sich STAR-Marken bei ihrem Design an erfolgreichen Luxusmarken. So kommt der Kunde durch den Erwerb einer STAR-Marke in den Genuss der Designwelt von Luxusmarken. Dieses Phänomen lässt sich mit dem **Trickle-down-Effekt** erklären.

Trickle-Down-Effekt – das Nachahmen des Luxussegments
Der Effekt des Nachahmens der oberen Schichten durch die unteren Schichten wird in der Literatur als Trickle-Down-Effekt bezeichnet. Die Trickle-Down-Theorie geht von einer vertikalen Ausbreitungsrichtung von Trends aus. Ihr Ursprung liegt in der Diffusionsforschung und in den theoretischen Ansätzen der Massenkommunikation und persönlichen Kommunikation (Müller 2003, S. 11).

2.1.2 Prestige und Logos ohne Risiko

So wie für einen Künstler und einen Schauspieler ist es auch für eine STAR-Marke im Premiumsegment elementar, aufzufallen und präsent zu sein. Das gelingt vor allem über ein prominentes und markantes Logo als Krönung eines **Qualitätsprodukts mit gefälligem Design.** Wichtig ist dabei vor allem, dass der Status ausgedrückt werden kann, denn wie ich Ihnen schon in den strategischen Grundlagen (Kap. 1) erklärt habe, ist der Veblen-Effekt – also der Geltungskonsum – der dominante symbolische Nutzen im Premiumsegment. Da sich die Positionierung im Premiumsegment auf Qualität bezieht, sollte auch bei der Gestaltung des Logos darauf geachtet werden. Der Kunde genießt dann Anerkennung durch eine offensichtliche Investition in Qualität.

Logo im Premiumsegment
Ganz allgemein ist ein Logo ein visueller Bestandteil der Marke und soll dabei helfen, schneller die Inhalte der Marke zu assoziieren. Wie bei generischen Marken sollte sich im Premiumsegment das Logo harmonisch in die Designsprache der Marke einfügen, darüber hinaus aber vor allem ein Signal für Qualität als auch Status sein. Häufig sind Premiumlogos sogenannte Prestigelogos mit einem vergleichsweise extrovertierteren Auftritt in Bezug auf Sichtbarkeit als im Luxussegment. Im Zentrum steht dabei der Wunsch der Menschen, etwas über die eigene Persönlichkeit ausdrücken zu wollen (Han et al. 2010).

Was ist bei der Gestaltung von Logos im Premiumsegment zu berücksichtigen?
Insbesondere im Premiumsegment sind Logos ganz generell so zu gestalten, dass sie Aufmerksamkeit erzielen, die **positionsrelevanten Assoziationen hervorrufen, Gefallen wecken, leicht wahrnehmbar und erinnerbar sind.** Außerdem sollte ein Logo auch einfach reproduzierbar und auf unterschiedlichen Materialien gut druckbar sein. Es sollte einerseits auf recht kleinen Flächen, zum Beispiel auf Visitenkarten, andererseits auf sehr großen Flächen, beispielsweise auf Plakaten, darstellbar sein. Auch dürfen unterschiedliche Materialien der Anbringung des Logos nicht im Wege stehen. Von zentraler Wichtigkeit ist allerdings, dass ein Markenlogo einzigartig sein sollte. Obwohl Bildlogos den Schriftlogos in Bezug auf Prägnanz und Einfachheit bei der neuronalen Verarbeitung und Abrufbarkeit überlegen sind, weisen die reinen Schriftlogos in Bezug auf die Wertigkeit häufig mehr Vorteile auf.

Wo erscheint das Logo im Premiumsegment?
Zunächst einmal sollte das Logo auf dem Produkt erscheinen, damit die Leistung auch als Premium wahrgenommen wird. Daneben sollte es aber auch auf der Verpackung platziert werden. Insbesondere bei Tragetaschen kann das den Wunsch nach Anerkennung bedienen. Wenn der Kunde etwa nach dem Kauf eines teuren Schmuckstücks auch noch den edlen Karton und die Tragetasche dazu bekommt und damit stolz durch die Fußgängerzone – sichtbar für alle – spazieren geht, kann dieses Bedürfnis befriedigt werden.

> **Alnatura – Expertenarbeitskreis zur Sicherung der Qualität**
> Die Bio-Marke Alnatura steht für Nachhaltigkeit und Qualität. Gegenüber dem gesetzlich vorgeschriebenen Minimum von 95 % stammen bei Alnatura-Produkten alle landwirtschaftlichen Zutaten aus Bio-Anbau. Darüber hinaus tragen sie das Siegel eines anerkannten ökologischen Landbauverbands wie Bioland, Demeter oder Naturland. Um die Qualität zu sichern, lässt sich Alnatura bei der Entwicklung und Überprüfung ihrer Rezepturen von unabhängigen Experten eines Arbeitskreises Qualität beraten. Erst wenn diese grünes Licht geben, werden die Produktideen umgesetzt. Die Anforderungen und Hinweise des Arbeitskreises sorgen für eine kontinuierliche Weiterentwicklung der Alnatura-Qualitätsarbeit. Zu den Mitgliedern gehören Lebensmittelingenieure, Experten für Öko-Landbau und Ernährungswissenschaftler (Alnatura 2016).

2.2 DIVA: „Kreieren Sie ein außergewöhnliches, in Handarbeit gefertigtes Produkt, das eine eigene und wiedererkennbare Handschrift hat!"

Wie ich Ihnen bereits in den strategischen Grundlagen erläutert habe, liegt der Unterschied zwischen dem STAR (Premium) und der DIVA (Luxus) nicht einfach in „viel mehr Qualität", sondern in „viel mehr Symbolik" (Kapferer und Bastien 2009; Lasslop 2005). Aus diesem Grund möchte ich im Folgenden auf die Bedeutung von Unikat, Originaldesign, Entstehungsmythen und handwerklicher Exzellenz vom Meister persönlich eingehen.

2.2.1 Unikat, Originaldesign und Entstehungsmythen

Bleiben wir bei dem Bild des Stars und der Diva. Eine DIVA – also eine Luxusmarke – muss nicht in allen Serien mitspielen und sucht sich ihre Rollen sorgfältig aus. Es reicht, wenn sie weniger Rollen spielt, bei der ihre Persönlichkeit zum Ausdruck kommt und die ihren Mythos unterstreichen. So ist es auch bei einer Luxusmarke. Sie muss nicht immer eine Vielzahl an Funktionen besitzen, die besonders innovativ sind, denn entscheidend für die Kaufentscheidung ist die Begehrlichkeit – sie symbolisiert ein Traum- und Sehnsuchtsland. Es geht also bei einem Produkt im Luxussegment nicht darum, besonders robuste, schier unverwüstliche Ergebnisse zu produzieren, sondern um Produkte, die mit **feinsten, seltenen Materialien,** die häufig auch schon mit ihrer Herkunft eine Geschichte erzählen, geschaffen werden. Dabei steht das besondere **Herstellungs- bzw. Veredelungsverfahren, das häufig in Manufakturen** umgesetzt wird, im Zentrum.

Eine luxuriöse Marke darf auch kleine Macken haben, da es sich ja um ein Unikat handeln soll und nicht um industriell genähte, austauschbare Ware von der Stange (Kapferer und Bastien 2009). Dies kann wieder mit einer Diva verglichen werden, die nie „perfekt funktioniert", sondern durch ihre Einzigartigkeit und teilweise durch ihre Allüren auffällt. Sie kann es sich leisten, dadurch unterstreicht sie sogar ihr Profil. Ein STAR-Produkt kann sich dies aber nicht leisten. Es muss stets und jedem gefallen und funktionieren.

Außergewöhnliches Originaldesign
Im Gegensatz zum STAR geht es bei der DIVA um **Außergewöhnlichkeit.** Insbesondere beim Design ist es nicht das Ziel, die Großen und Starken des Marktes zu kopieren, sondern selbst Standards – also mit einem **Originaldesign** – zu setzen. Dies hilft dabei, in einem umkämpften Markt mit Prägnanz aufzufallen.

> **Design von Samsung eine Kopie von Apple?**
> Samsung ist in Bezug auf Design keine DIVA, sondern eher ein STAR und dem Premiumsegment zuzuordnen. Dabei wird dem Unternehmen in Bezug auf das Design immer wieder vorgeworfen, Apple zu kopieren. Beispielsweise wird kritisiert, dass sich das Galaxy S6 von dem iPhone 6 hat inspirieren lassen (in Anlehnung an Huch 2015, S. 1). Selbst wenn dies kein Sachverhalt, sondern nur ein Gerücht sein sollte, ist für Samsung der Weg zu einer Luxusmarke versperrt, da sich darüber kein Mythos über das Originaldesign aufbauen lässt.

Ein langfristig erfolgreiches Originaldesign kann vor allem dann erzielt werden, wenn mit namhaften Designern oder auch Künstlern zusammengearbeitet wird. Diese sollten sich auch verpflichten, exklusiv für die Marke das Originaldesign zu entwickeln, welches dann zum Erkennungszeichen bzw. zum Klassiker werden kann.

> **Duravit setzt auf Originaldesign**
> Die Markenstrategie des Bäderherstellers Duravit zeigt Ansätze des Luxussegments in Bezug auf Design und Handarbeit. Dabei setzt das Unternehmen konsequent auf Originaldesigns und kooperiert im gehobenen Segment mit namhaften Designern, wie beispielsweise Philippe Starck, nach denen auch ganze Serien (zum Beispiel Starck 1) benannt werden (vgl. Abb. 2.1).
> Die Produkte, Inszenierungen und Architektur von Philippe Starck werden von Duravit als richtungsweisend mit einer Formensprache beschrieben, die durch ihre Eleganz und Nachhaltigkeit einer internationalen Zielgruppe spontan gefällt.

Abb. 2.1 Philippe Starck. (Quelle: Duravit)

Viele der von Duravit eingesetzten Designs haben internationale Designpreise und -auszeichnungen gewonnen. Dabei setzt die Marke Duravit zwar auf eine gute Gestaltung, diese darf aber niemals auf Kosten der Funktionalität gehen – „Design um des Designs willen" kommt weder für Duravit noch für die Designer infrage. Damit vereint der Bäderhersteller Elemente der Premiumstrategie mit denen einer Luxusmarkenstrategie (Duravit 2014, 2015).

Seinem Stil immer treu zu bleiben, Klassikerprodukte konsequent beizubehalten und Änderungen der Mode nicht einfach zu akzeptieren, stellt im Luxussegment – also bei der DIVA – das Gegenteil zur Premiummarke – also zum STAR – dar.

Das Prinzip der Luxusmarke ist ein ganz besonderes. Als sogenannte DIVA geht es darum, sich bei dem Produktkonzept auf seine Identität zu besinnen und auf dieser Basis die Bewunderer bzw. Konsumenten zu führen. Das bedeutet natürlich nicht, dass eine Luxusmarke den Wünschen des Marktes überhaupt nicht zuhören sollte, denn dies wäre leichtsinniger Hochmut. Trotzdem gibt es wohl zwei Strategien, die den sicheren Tod einer Luxusmarke bzw. einer DIVA bedeuten können – dem Konsumenten überhaupt nicht zuzuhören oder aber ihm viel zu viel zuzuhören (Kapferer und Bastien 2009, S. 66 ff.).

> **Mythos Leica-Kamera**
> Weltweit gelten die Kameras der Marke Leica als Mythos. Sie werden bis heute fast ausschließlich von Hand gefertigt und symbolisieren Präzision. Viele renommierte Fotografien sind auf einer Leica-Kleinbildkamera entstanden und unterstreichen den

Abb. 2.2 München fotografiert von J. Mehl mit einer Leica M Monochrom 1

Mythos, wie beispielsweise das millionenfach verbreitete Konterfei des kubanischen Revolutionärs Che Guevara. Originalabzüge solch legendärer Aufnahmen, aber auch historische Leica-Kameras und -Objektive haben eine weltweite Fangemeinde und werden zu Höchstpreisen gehandelt (Abb. 2.2).

Der Mythos spielt im Luxussegment eine besondere Rolle und viele international erfolgreiche DIVA-Luxusmarken haben in ihrem Produktportfolio als Erkennungszeichen auch Klassikerprodukte, die zwar immer wieder neu interpretiert werden, sich aber in ihrem Wesen gemäß ihres Mythos nie verändern. Ein berühmtes Beispiel ist die **Kelly Bag von Hermès.** Dabei handelt es sich um eine trapezförmige Tasche, die aus hochwertigem Leder in Handarbeit aus etwa 40 Einzelteilen angefertigt wird. Ihr Markenzeichen ist das kleine goldene Schloss, das von zwei Lederriemchen gehalten wird. Heute zählt sie durch ihre schlichte Eleganz und luxuriöse Verarbeitung zu den edelsten und begehrtesten Accessoires überhaupt. Die Preise reichen von 3600 EUR für das günstigste Modell bis zu sechsstelligen Summen für spezielle Sonderanfertigen (World's Luxury Guide 2011).

▶ **Die Geschichte der Kelly Bag von Hermès** Der Schwiegersohn von Émile-Maurice Hermès, Robert Dumas, kreierte in den 1930er Jahren die berühmte Kelly Bag. 1935 nannte man sie allerdings schlicht die „kleine Tasche mit Trageriemen", und erst 20 Jahre später, als Grace Kelly während ihrer Verlobungszeit mit dem späteren Fürst Rainier von Monaco versuchte, ihren Schwangerschaftsbauch hinter ihr zu verbergen, geriet die Tasche in aller Munde. Die legendäre Kelly Bag war damit (neu) geboren. Heute ist die Kelly Bag in mehr als 200 unterschiedlichen Variationen erhältlich (Elle 2013).

Analysiert man die **Logos** bekannter Luxusmarken, so fällt auf, dass sie im Vergleich zum Premiumsegment häufig recht **schlicht** aufgebaut sind. In vielen Fällen handelt es sich um reine Schriftlogos, die auf bunte Verzierungen verzichten. Diese Reduziertheit der Formen- und Farbsprache signalisiert sowohl Eleganz als auch Selbstbewusstsein und reflektiert damit auch die typischen Eigenschaften einer Diva. Sie ist **stilvoll, diskret** und kommuniziert nicht mit „lauten Signalen".

▶ **Engravers Gothic – die Logoschrift im Luxussegment** Viele bekannte Marken basieren auf der „Engravers Gothic", einer Schrift ohne Serifen und minimalistisch im Design. Sie kann als eine Art „It-Schrift" der vergangenen Jahre bezeichnet werden. Nicht nur in der Mode gibt es schließlich Trends, sondern auch in der Typografie. Diese Trends wechseln nur nicht ganz so oft, weil sich das Logo und das dazugehörige Schriftbild bei den Kunden einprägen sollen und schon aus Kostengründen nicht ständig aktualisiert werden können (Wichert 2016).

2.2.2 Handwerkliche Exzellenz vom Schöpfer persönlich

Der Markt für luxuriöse Produkte ist nach wie vor auf Wachstumskurs und die Konsumenten scheinen eine sehr heterogene Gruppe mit individuellen Bedürfnissen zu sein (u. a. Chandon et al. 2016). Trotz Heterogenität ist die handwerkliche Exzellenz ein besonderes Erkennungszeichen der Luxusmarken. Viele DIVA-Marken stellen deshalb diese Eigenschaft besonders heraus.

> **Hermès – Wir sind Handwerker**
> Hermès-Chef Patrick Thomas betont in diesem Zusammenhang die Handwerkskunst im Luxussegment: „Wir sind Handwerker […] Im Französischen heißt der Künstler ‚artiste', der Handwerker ‚artisan'. Die beiden haben weit mehr gemeinsam als die ersten fünf Buchstaben" (Spiegel 2012, S. 75).

Wie ich Ihnen zuvor erläutert habe, spielt im Premiumsegment ein prominentes und extrovertiertes Logo eine immense Rolle für die Sichtbarkeit des STARS. Das DIVA-Prinzip ist dagegen dezenter. Eine Luxusmarke erkennt man auch dann, wenn man das Logo oder den Markennamen noch nicht gesehen hat. Wie eine echte Diva nämlich hat die Luxusmarke einen unverwechselbaren Stil und eine eigene Handschrift – oft vom Schöpfer persönlich –, die für sie charakteristisch sind.

> **Teppiche von Jan Kath**
> Der Teppichdesigner und Produzent Jan Kath aus Bochum hat es mit seiner Marke geschafft, sich erfolgreich im Luxussegment zu positionieren. Dabei setzt er gezielt auf die Kombination einzigartiger selbst kreierter Designs, die häufig eine Art Ver-

fremdung alter Teppichmuster darstellen, und Handproduktion nach traditioneller Weise in Nepal. Inspiration erfährt er u. a. durch den Industriecharme der Stadt Bochum, der immer wieder in seinen Designs zum Ausdruck kommt. Präsentiert werden seine Werke in einer alten Lagerhalle in Bochum, die von ihrer Ausstattung her an eine Kunstgalerie erinnert.

Weltweit werden die preisgekrönten Unikate von Jan Kath nachgefragt. Zu seinen Kunden gehören Prominente wie beispielsweise Rupert Murdoch, Bruce Willis und die Red Hot Chili Peppers, aber auch erfolgreiche Luxusmarkenanbieter verwenden die Teppiche in ihren Verkaufsräumen (Löhr 2015).

Der Stil einer DIVA entspricht ihrer Biografie und hat sie erfolgreich gemacht. Selbst wenn es einige Kunden gibt, die sich manchmal einen Stilwechsel wünschen, bleibt sich eine echte DIVA immer treu. Dies ist das Geheimnis ihrer Authentizität. Durch ihre Distanz und eine gewisse Unerreichbarkeit wirkt sie zuweilen hochmütig, bewahrt sich aber die Aura des Mysteriums. Hermès-Chef Patrick Thomas wurde 2012 in einem Interview gefragt: „Monsieur Thomas, angesichts Ihrer Bilanzen scheinen Sie wirklich zu wissen, was Frauen wollen." Er antwortete wie folgt: „Oh nein, denn dann wären wir ein Marketing-Unternehmen, das einfach anbietet, was sich die Kunden in Umfragen wünschen. Wenn zum Beispiel tausend Verbraucher sagen, sie hätten gerne grüne Zahnpasta, dann würden sich etliche Zahnpastafirmen diesen Wünschen beugen. Wir dagegen stellen Produkte entsprechend der Expertise her, über die unser Haus verfügt" (Spiegel 2012, S. 74).

Diese Aussage bestätigt, dass sich das Luxussegment **nicht mit Qualitäts-Mainstream zufriedengibt,** sondern dass es eher um die Suche nach einer Nische geht.

Porsche 911

Seit fünf Jahrzehnten gilt der Porsche 911 weltweit als Automobilikone. Denn der 911 ist viel mehr als ein Auto. Er ist ein Kultobjekt, das den Puls von Automobilliebhabern auf der ganzen Welt bereits imstand in die Höhe treibt. Und er ist seit 50 Jahren das Herzstück der Marke Porsche, seit seiner Präsentation als Typ 901 auf der Internationalen Automobil-Ausstellung (IAA) im September 1963. Obwohl sich die Baureihen seitdem kontinuierlich weiterentwickelt haben, wurde der einzigartige Designcharakter des 1964 in 911 umbenannten Modells stets beibehalten. Durch die Evolution und nicht Revolution des Designs ist die Faszination nie verloren gegangen (in Anlehnung an NTV 2014).

Neben der Formensprache können bei Marken im oberen Preissegment aber auch Materialien und bestimmte Farben zu einem Erkennungszeichen werden. Hierfür gibt es eine Vielzahl von prominenten Beispielen in der Modebranche, wie Bottega Veneta mit ihrer Leder-Flechtkunst und die Farbkombination Grün-Weiß-Rot der Marke Gucci.

Der Stil von Chanel

Zu einem Erkennungszeichen der Luxusmarke Chanel gehört beispielsweise die Farbkombination Schwarz-Weiß, die sich in der gesamten Markenidentität wiederfindet, bis hin zum legendären Outfit von Karl Lagerfeld, dem Chefdesigner. Dieser hat auch einen eigenen berühmten Stil, lehnt sich aber als Repräsentant der Marke Chanel deutlich an das Markenerbe von Coco Chanel an. Daneben sind auch bestimmte Materialien wie beispielsweise Tweed ein Erkennungszeichen der Marke.

Luxus steht für **handwerkliche Exzellenz.** In einem Interview im Jahr 2013 mit Marcus Stadelmann von Hermès antwortete er mir:

> Es ist unsere Liebe zum Produkt, die seit der Gründung unseres Hauses den Kern unserer Werte ausmacht. Das Haus Hermès wurde 1837 von dem gebürtigen Krefelder Thierry Hermès gegründet. Früher hatte unser Haus nur sehr wenige Niederlassungen und so kamen unsere internationalen Kunden extra nach Paris, um unsere Produkte zu kaufen. Heute ist Hermès mit ca. 350 Geschäften weltweit vertreten. Der wirtschaftliche Erfolg von Hermès bestätigt uns zwar, ist aber nicht unser primäres Ziel. Unser Ziel ist es, unseren Werten, unserer Historie, unserer Handwerkskunst treu zu bleiben. Dabei geht es nicht immer um die Verwendung der teuersten Materialien, sondern um die Verwendung derjenigen Materialien, die die Schönheit und Identität des Produkts am besten zum Ausdruck bringen. Es muss zum Beispiel nicht immer Gold sein, sondern wir verwenden auch sehr gerne Silber … Wir sind geprägt von dem Gründer unseres Hauses, Thierry Hermès – er hat einmal gesagt, dass Luxus das ist, was man reparieren kann. Es geht also nicht darum, einfach etwas wegzuwerfen und sich dann etwas Neues zu kaufen. Es geht um die zeitlose Schönheit der Produkte, um ihre Noblesse. In dem Zitat von Thierry Hermès stecken die Werte des Hauses Hermès.

Aber auch im **Dienstleistungssegment** werden diese Prinzipien der Inszenierung und des hohen Anspruchs gepflegt, wie das nachfolgende Beispiel zeigt.

Lufthansa First Class – Gaumenfreuden auf Sterne-Niveau

Die Lufthansa First Class ist mit der Inszenierung ihrer Leistungen auf höchstem Niveau ein Beispiel für eine Luxusmarke. Dabei geht es nicht wie bei der Business Class um die Qualität des Essens und einen sehr guten Service, sondern auch um die Art der Präsentation, die einem individuellen Erlebnis gleich kommen soll. Dabei betont das Unternehmen selbst, dass es die Speisen auf feinem Porzellan elegant arrangiert mit einem persönlichen Weingeheimtipp, und sowohl die Herkunft der Speisen als auch Angaben zu ihrem Schöpfer spielen eine besondere Rolle. So kreieren auf interkontinentalen Flügen Spitzenköche die Gaumenfreuden für die Gäste der (Lufthansa First Class 2016).

▶ Fazit STAR: „Schaffen Sie ein gefälliges Qualitätsprodukt mit prominentem Logo!"

DIVA: „Kreieren Sie ein außergewöhnliches, in Handarbeit gefertigtes Produkt, das eine eigene und wiedererkennbare Handschrift hat!"

Literatur

Adams, J. S. (1972). Inequity in social exchange. In H. L. Tosi, R. J. House, & M. D. Dunnette (Hrsg.), *Managerial motivation and compensation: A selection of readings* (S. 134–169). New York: Academic Press.

Albert, S., Ashforth, B. E., & Dutten, J. E. (2000). Organizational identity and identification. Charting new waters and building new bridges. *Academy of Management Review, 25*(1), 13–17.

Alnatura (2016). Die Alnatura Qualität. http://www.alnatura.de/de-de/ueber-uns/qualit%C3%A4t. Zugegriffen: 20. June 2016.

Atwal, G., & Williams, A. (2009). Luxury brand marketing – the Experience is everything. *Journal of Brand Management, 16*(5), 338–346.

Baalbaki, S., & Guzmán, F. (2016). A consumer-perceived consumer-based brand equity scale (May 2016). *Journal of Brand Management, 23*(3), 229–251.

Blut, M., Frennea, C. M., Mittal, V., & Mothersbaugh, D. (2015). How procedural, financial and relational switching costs affect customer satisfaction, repurchase intentions, and repurchase behavior: A meta-analysis. *International Journal of Research in Marketing, 32*(2), 226–229.

BOSCH Leitbild Qualität. (2015). http://www.bosch.com/assets/de/company/qprinz. Zugegriffen: 10. June 2015.

Brexendorf, T. O., Tomczak, T., Kernstock, J., Wentzel, D., & Henkel, S. (2008). Der Einsatz von Instrumenten zur Förderung von Brand Behavior. In T. Tomczak, F.-R. Esch, J. Kernstock, & A. Herrmann (Hrsg.), *Behavioral Branding* (S. 315–340). Wiesbaden: Gabler.

Burmann, C., & Schallehn, (2008). Die Bedeutung der Marken-Authentizität für die Markenprofilierung. *Arbeitspapier des Lehrstuhls für innovatives Markenmanagement (LiM), 31*, 1–8.

Burmann, C., & Zeplin, S. (2005). Innengerichtetes identitätsbasiertes Markenmanagement. In H. Meffert, C. Burmann, & M. Koers (Hrsg.), *Markenmanagement: Identitätsorientierte Markenführung und praktische Umsetzung* (S. 115–139). Wiesbaden: Gabler.

Burmann, C., Meffert, H., & Fedderson, C. (2007). Identitätsbasierte Markenführung. In A. Florack, M. Scarabis, & E. Primosch (Hrsg.), *Psychologie der Markenführung* (S. 3–30). München: Vahlen.

Burmann, C., Halaszovich, T., Schade, M. F., & Hemmann, F. (2015). *Identitätsbasierte Markenführung: Grundlagen – Strategie – Umsetzung – Controlling.* Wiesbaden: Springer Gabler.

Chandon, J., Laurent, G., & Valette-Florence, P. (2016). Pursuing the concept of luxury: Introduction to the JBR Special Issue on "Luxury Marketing from Tradition to Innovation". *Journal of Business Research, 69*(1), 299–303.

Dahler & Company. (2016). Real Estate School. Aus- und Weiterbildung als Garant für höchste Qualität. http://dahlercompany.com/de/unternehmen/real-estate-school/. Zugegriffen: 15. June 2016.

Deutsche Telekom. (2015). TÜV: Drittes Mal in Folge "gut" für Telekom-Service. https://www.telekom.com/medien/konzern/273080. Zugegriffen: 24. März. 2015.

Die Zeit. (2011). Manche schwören drauf. http://www.zeit.de/2011/13/Unternehmen-Leica. Zugegriffen: 16. Mai 2015.

Domke, B. (2009). Ingredient Branding? Harvard Business Manager Online. http://www.harvardbusinessmanager.de/heft/artikel/a-665933.html. Zugegriffen: 15. June 2016.

Duravit. (2014). 25 years cooperation Starck + Duravit. http://red-dot.de/cd/online-exhibition/work/?code=09-00353&y=2015. Zugegriffen: 10. Febr. 2016.

Duravit. (2015). DURAVIT Design & Nachhaltigkeit. http://www.duravit.de/service/marke_duravit.de-de.html#article-1398695991562. Zugegriffen: 16. June 2015.

Elle. (2013). Das Elle-Modelexikon – Kelly Bag. http://www.elle.de/fashion-das-elle-modelexikon-kelly-bag-103126.html.

Esch, F.-R., & Vallaster, C. (2005). Mitarbeiter zu Markenbotschaftern machen: Die Rolle der Führungskräfte. In F.-R. Esch (Hrsg.), *Moderne Markenführung: Grundlagen, innovative Ansätze, praktische Umsetzungen* (S. 1009–1020). Wiesbaden: Gabler.
Gussek. (2016). Effizienzhaus. http://www.gussek-haus.de/vorteile/beste-technik/effizienzhaus.html. Zugegriffen. 13. June 2016.
Han, Y. J., Nunes, J., & Drèze, X. (2010). Signaling status with luxury goods: The role of brand prominence. *Journal of Marketing, 74*(4), 15–30.
Homburg, C., Becker, A., & Hentschel, F. (2008). Der Zusammenhang zwischen Kundenzufriedenheit und Kundenbindung. In M. Bruhn (Hrsg.), *Handbuch Kundenbindungsmanagement* (6. Aufl., S. 103–134). Wiesbaden: Springer Gabler.
Huch, M. (2015). Ist das Samsung Galaxy S6 eine iPhone-6-Kopie? Die Welt. http://www.welt.de/wirtschaft/webwelt/article138101960/Ist-das-Samsung-Galaxy-S6-eine-iPhone-6-Kopie.html. Zugegriffen: 10. June 2015.
Kapferer, J.-N., Bastien, V. (2009). The luxury strategy. Breaking the rules of marketing to build luxury brands. London: KoganPage.
Lasslop, I. (2005). Identitätsorientierte Führung von Luxusmarken. In H. Meffert, C. Burmann, & M. Koers (Hrsg.), *Grundfragen der identitätsbasierten Markenführung* (S. 469–491). Wiesbaden: Gabler.
Löhr, J. (2015). Verknüpft und zugenäht. Die Rückkehr der Perser. http://www.faz.net/aktuell/stil/moderne-orientteppiche-ein-widerspruch-mitnichten-13442186.html. Zugriffen: 28. Febr. 2015.
Lufthansa First Class. (2016). Lufthansa First Class Gaumenfreuden auf Sterne-Niveau. https://firstclass.lufthansa.com/de/an-bord.html#private-jet-flotte. Zugegriffen: 13. June 2016.
Maloney, P. (2007). *Absatzmittlergerichtetes, identitätsbasiertes Markenmanagement: Eine Erweiterung des innengerichteten, identitätsbasierten Markenmanagements unter besonderer Berücksichtigung von Premiummarken.*. Wiesbaden: Gabler.
Müller, E. (2003). Georg Simmels Modetheorie. Soziologisches Institut der Universität Zürich. http://socio.ch/sim/on_simmel/t_evmueller.pdf. Zugegriffen: 15. Febr. 2013.
Müller, E. (2013). *Qualitätsmanagement für Unternehmer und Führungskräfte: Was Entscheider wissen müssen.*. Wiesbaden: Springer Gabler.
NTV. (2014). Automobilikone und Markenherzstück, Der Porsche 911 – seit 50 Jahren eine Legende. http://www.n-tv.de/sport/Porsche_Carrera_Cup/Der-Porsche-911-seit-50-Jahren-eine-Legende-article10559391.html. Zugegriffen: 16. June 2015.
Piehler, R. (2011). *IInterne Markenführung: Theoretisches Konzept und fallstudienbasierte Evidenz.*. Wiesbaden: Springer Gabler.
Powel, T. (1995). Total quality management as competitive advantage: A review and empirical study. *Strategic Management Journal, 16*(1), 15–37.
Rolke, L. (2004). Wie das Image von Geschäftsführern und Vorständen den Unternehmenswert beeinflusst. Unveröffentlichtes Vortragsmanuskript.
Sivakumar, K., Mei, L., & Beibei, D. (2014). Service quality: The impact of frequency, timing, proximity, and sequence of failures and delights. *Journal of Marketing, 78*(1), 41–58.
Spehr, M. (2015). Akustik im Auto Plattenmörder und Schalldruckmonster. http://www.faz.net/aktuell/technik-motor/audio-video/hifi-im-auto-soundanlagen-von-bose-bang-olusen-bis-jbl-13721131.html. Zugegriffen: 13. June 2016.
Spiegel. (2012). Wir sind Handwerker, 52, S. 74.
Universitätsklinikum Heidelberg. (2015). Qualitätsmanagement am Heidelberger Universitätsklinikum. https://www.klinikum.uni-heidelberg.de/Qualitaetsmanagement.1778.0.html. Zugegriffen: 10. June 2015.

Welch, M., & Jackson, P. R. (2007). Rethinking internal communication: A stakeholder approach. *Corporate Communications: An International Journal, 12*(2), 177–198.
Wichert, S. (30. April 2016). Markenkunde. So schreibt man Mode. *Süddeutsche Zeitung,*
World's Luxury Guide (2011). Kelly Bag: Die Tasche, die zum Mythos wurde. http://luxus.welt.de/Luxus-News/430911/Kelly-Bag-Die-Tasche-die-zum-Mythos-wurde. Zugegriffen: 15. Apr. 2013.

Preismanagement 3

> **Was Sie in diesem Kapitel erwartet**
> Der Preis symbolisiert bei Luxus- oder Premiummarken den Wert der Leistung und ist ein besonderer Ausdruck der Positionierung im Markt. Auf Basis des STAR-Prinzips für Premiummarken und des DIVA-Prinzips für Luxusmarken werden Unterschiede zur Preiswahrnehmung und zum Preisbewusstsein, zur Zahlungs- und Preisbereitschaft, zur Preisdifferenzierung und zur Preiskontinuität beschrieben. Eine Vielzahl an Beispielen dient zur Vertiefung der Erkenntnisse.

3.1 STAR: „Richten Sie sich beim Preis nach der Zahlungsbereitschaft Ihrer Fans!"

Beim Preismanagement gibt es erhebliche Unterschiede zwischen einer Premium- und einer Luxusmarke, denn der Preis wird immer als Signal für den Wert eines Produkts angesehen werden. Dabei kann ein Premiumprodukt, als ein STAR, mit der Zeit an Wert verlieren, weil wieder neue STAR-Produkte auf den Markt kommen. Ein Luxusmarkenprodukt, also eine echte DIVA, sollte allerdings nicht an Wert verlieren, wenn Nachfolge-DIVA-Produkte auf den Markt kommen, und dies muss durch das Preismanagement zum Ausdruck kommen.

Dieser Logik folgend gibt es auch bei der Preisbestimmung große Unterschiede. Der Preis der Premiummarke, also des STARs, ist sehr stark von der Nachfrage abhängig, eher aufwendig zu bestimmen, regelmäßig zu hinterfragen und gegebenenfalls anzupassen. **Bei der Luxusmarke, also der DIVA, sind die Gesetze klarer, konsequenter, ja fast radikaler,** und es bedarf eines guten wirtschaftlichen Fundaments, um den Preis kontinuierlich hoch zu halten. Nicht ohne Grund sind deshalb viele erfolgreiche Luxusmarken in Konzernstrukturen integriert, um finanziellen Spielraum zu haben.

Im Vergleich zu einer generischen Marke ist der Preis im Premiumsegment zwar sehr hoch, aber er orientiert sich immer an der Zahlungsbereitschaft der Nachfrager. So ist es auch mit einem guten Schauspieler: Der Star kann in der Regel einen höheren Preis verlangen, trotzdem ist er dabei immer von der Nachfrage seiner Fans abhängig. Und diese spiegelt sich auch im Preismanagement des Premiumsegments wider, das im Gegensatz zur generischen Marke zwar mehr Spielraum hat, aber trotzdem im Vergleich zur Luxusmarke als vollkommen nachfrageorientiert angesehen werden kann.

3.1.1 Einflussfaktoren auf die Preisgestaltung im Premiumsegment

Die Preisgestaltung stellt im Premiumsegment eine besondere Herausforderung dar. Zum einen muss der Preis den Prestigewert der Marke ausdrücken, zum anderen muss er aber auch von der Zielgruppe als gerechtfertigt und erschwinglich angesehen werden. Auf die Gestaltung des Preises gibt es neben der Ermittlung der **Zahlungsbereitschaft,** die wenig später beschrieben wird, verschiedene Einflussfaktoren. Zunächst einmal ist es die Positionierung am Markt, die einen Einfluss hat, und des Weiteren der gelernte Preis in den Köpfen der Konsumenten. Eng damit verbunden ist der angestrebte Prestigewert in den Augen der Nachfrager. Die **Abgrenzung** durch einen Preis erfolgt dabei durch einen Vergleich mit den direkten Wettbewerbern im Markt oder mit vergleichbaren in einer anderen Branche. Es stellt sich dabei die Frage, in welchem Segment der Kunde die Marke wahrnehmen soll, welche Marken in Bezug auf Preis und Leistungen über einem stehen, welche unter einem stehen und wer möglicherweise Vorbild in einem anderen Markt ist.

> **Preismanagement – Tommy Hilfiger versus Polo Ralph Lauren**
> Beim Vergleich der Marken Tommy Hilfiger und Polo Ralph Lauren fällt in Deutschland auf, dass bei einem ähnlichen Produktportfolio die Marke Polo Ralph Lauren im Preis oberhalb von Tommy Hilfiger positioniert ist. Besonders offensichtlich wird dies bei Männer-Polohemden. Polohemden der Marke Polo Ralph Lauren kosten im Schnitt 85 EUR und die von Tommy Hilfiger im Schnitt 65 EUR. Obwohl beide Marken auf eine statusorientierte Zielgruppe abzielen, die durch Marken einen gewissen Erfolg zum Ausdruck bringen möchte, richtet sich Tommy Hilfiger allein schon wegen des Preises an eine jüngere Zielgruppe als die Zielgruppe von Polo Ralph Lauren.

Im Premiumsegment kann teilweise beobachtet werden, dass aus dem Luxussegment Ansätze des Manufakturgedankens übernommen werden, um die Differenzierungskraft zu erhöhen. Durch das Anbieten verschiedener Varianten, die sich streng an einem Massengeschmack orientieren, bleibt es aber Premium. Aus dem STAR wird also keine DIVA, die mit einem ikonischen Design den Kunden führt. Und auch der Preis, der sich streng an der Zahlungsbereitschaft der Kunden orientiert, bildet das Premiumsegment ab.

> **Der Wunsch nach Individualisierung hat Einfluss auf den Preis – Beispiel Kuhn**
> Die Kuhn Maßkonfektion KG ist ein Beispiel für ein familiengeführtes Unternehmen im Premiumsegment. Es stellt den Geschmack und die individuellen Interessen der Kunden in den Fokus. Dabei bleibt es dem Produktionsstandort Deutschland treu. Mit seinem Konzept, die perfekte Passform und Individualität der Maßschneiderei mit dem günstigen Preis der Konfektionsmode und innovativen Trends zu verbinden, ist die Kuhn Maßkonfektion KG in Deutschland und Österreich geschätzt und erfolgreich. So wirbt sie beispielsweise im Jahre 2016 mit einem preisbewussten „Hochzeitspaket Premium", das einen Hochzeitsanzug nach Maß aus der PREMIUM- oder CEREMONIAL-Line, ein Maßhemd aus der PREMIUM-Line sowie Weste, Kurzkrawatte und Einstecktuch aus der CEREMONIAL-Line zum Paketpreis ab 799 EUR umfasst. Um den Preis noch attraktiver erscheinen zu lassen und die Maßkonfektion auch für andere sichtbar werden zu lassen, erhält der Nachfrager zusätzlich noch eine individuelle Stickerei mit „Ihrem Hochzeitstag" gratis dazu (in Anlehnung an Kuhn 2016).

Neben der Ableitung der Positionierung im Markt und der Analyse der Bedürfnisse, aber auch der Zahlungsbereitschaft spielen natürlich auch die Kosten eine wichtige Rolle. Die **eigenen Kosten sollten immer die Preisuntergrenze** definieren, damit sich die Marke auch wirtschaftlich trägt (Fassnacht in König 2014). In Bezug auf Kunden und Konkurrenz ist es zunächst einmal wichtig, den relevanten Markt einer Marke zu definieren:

- Wer sind die Kunden meiner Marke?
- In welchen Produktkategorien sind welche Marken meine direkten Wettbewerber?

3.1.2 Ermittlung der Zahlungsbereitschaft

Die Zahlungsbereitschaft der Kunden – also was die Kunden für die Produkte zu zahlen bereit sind – und die Preise der Wettbewerber liefern wertvolle Informationen für den geeigneten Preis. Dabei ist es ohne Zweifel eine große Herausforderung, die Zahlungsbereitschaft der Kunden zu ermitteln. Nach dem sogenannten Van-Westendorp-Verfahren, das große Marken wie L'Oréal einsetzen, kann dies direkt abgefragt werden (Fassnacht 2014).

> ▶ **Ermittlung der Zahlungsbereitschaft nach dem Van-Westendorp-Verfahren**
> 1. Zu welchem Preis wäre das Produkt zu teuer, sodass Sie es nicht kaufen würden?
> 2. Zu welchem Preis würden Sie das Produkt als zu teuer bezeichnen, aber dennoch geneigt sein, es zu kaufen?

3. Welchen Preis würden Sie als günstig (oder akzeptabel) bezeichnen, sodass Ihnen ein guter Gegenwert für Ihr Geld geboten wird?
4. Welcher Preis wäre zu niedrig, sodass Sie eine mangelnde Qualität erwarten und das Produkt nicht kaufen würden?

Im Bereich der Premiummarken gibt es zahlreiche Beispiele für eine gelungene Preispolitik, die sowohl die Ausstrahlung von Qualität erhält, als auch den Kunden suggeriert, dass es einen Preisvorteil gibt. Da sich der Preis dabei nach der jeweiligen Zahlungsbereitschaft eines Konsumenten richtet, wird im Premiumsegment versucht, mit sorgfältig geplanten und keineswegs häufig eingesetzten **Preisdifferenzierungsstrategien** diese voll und ganz abzuschöpfen. So können im Premiumsegment unterschiedliche Preise, aber auch versteckte Preisnachlässe durch Zusatzangebote festgesetzt werden, die von den folgenden Kriterien abhängig sind (in Anlehnung an Meffert et al. 2015):

1. **Preisdifferenzierung** in Abhängigkeit von der Zeit: Die Premiummarke startet mit einem hohen Preis, der in Abhängigkeit vom Produktlebenszyklus sinkt. Beispielsweise bietet die Modemarke Dorothee Schumacher direkt nach der Fashion Show ihre Mode zu einem hohen Preis an, der aber im Laufe der Zeit sinkt.
2. **Preisdifferenzierung** in Abhängigkeit vom Vertriebsweg: Die Premiummarke ist an bestimmten Verkaufsorten (bestimmten Regionen, Outlets, online etc.) günstiger zu erwerben. Bleiben wir bei dem Modebeispiel Dorothee Schumacher. Die Ware wird regelmäßig per Fabrikverkauf bestimmten Kunden günstig angeboten.
3. **Preisdifferenzierung** in Abhängigkeit vom Kundenstatus: Die Premiummarke ist je nach Kundenstatus (Länge der Beziehung, gekaufte Menge, Weiterempfehlung etc.) für diesen günstiger zu erwerben. In vielen Premiumkaufhäusern, wie beispielsweise im Münchner Oberpollinger, werden Kundenkarten eingesetzt, mit denen Kunden Treuepunkte sammeln können, die wiederum zum vergünstigten Kauf einladen sollen.

Egal über welche Methode Preisdifferenzierung realisiert wird, es geht doch immer darum, dem Kunden einen Vorteil zu generieren. Damit Premiummarken ihr Qualitätsimage bewahren, kooperieren sie auch häufig mit externen Dienstleistern wie brands4friends, vente-privé oder Westwing. Diese Absatzmittler verfügen auch selbst über ein Premiumimage, das die Qualität der zu vertreibenden Marke noch unterstreicht.

> **brands4friends**
> Ein Vertrieb über die Online-Plattform brands4friends bietet Premiummarken den Vorteil der Preisdifferenzierung bei Wahrung des hochwertigen Images. Brands4Friends werben damit, dass sie die Nummer 1 der Online-Shopping-Klubs für hochwertige Markenprodukte aus dem Mode- und Lifestylebereich sind. Um den angebotenen Marken einen Touch von Exklusivität zu lassen, dürfen nur Mitglieder bei ihnen einkaufen und bis zu 70 % gegenüber der unverbindlichen Preisempfehlung sparen. Dabei ist das Portfolio breit definiert: das lang ersehnte Designerstück für den

Kleiderschrank, hochwertige Wäsche und Beautyprodukte sowie hochwertige Uhren und Schmuck. Neben innovativen Elektronikgeräten gibt es zudem Einrichtungsgegenstände für das Zuhause, vieles für Kinder und alles rund um den Lieblingssport (brands4friends 2015).

3.2 DIVA: „Der Wert spiegelt sich im Preis wider und dieser muss kontinuierlich sehr hoch sein!"

In der Literatur herrscht Einigkeit darüber, dass es insbesondere beim Preismanagement einer Luxusmarke strenge Regeln gibt (beispielsweise Kapferer und Bastien 2009, S. 70 ff.). Für viele Unternehmen stecken hier die größten Herausforderungen (Yeoman und McMahon-Beattie 2005). Dabei wird der Preis einer luxuriösen Marke nicht durch die Nachfrage ermittelt, sondern leitet **sich vor allem aus der Positionierung ihres Werts und ihrer Identität** ab.

Daneben gilt, dass man über den Preis einer echten DIVA nicht reden sollte. In der Kommunikation, beispielsweise in Printanzeigen, werden die Preise in der Regel nicht abgedruckt, und man liest zuweilen **„Preis auf Anfrage"**. Auch wird nicht mit Rabattaktionen geworben. Ein Beispiel für eine Marke mit einer sehr konsequenten Preisstrategie ist Louis Vuitton. Die Preise sind international einheitlich, und es gibt so gut wie keine Preisdifferenzierung oder Rabattaktionen. Dadurch wird den Produkten ein konstanter Wert zugesprochen.

3.2.1 Preisradikalität

Bei einer Luxusmarke bzw. einer echten DIVA sollte der Preis kontinuierlich sehr hoch sein. Dies stellt eine besondere Radikalität der Luxusmarke dar. Einige Autoren (beispielsweise Kapferer und Bastien 2009) empfehlen sogar, die Preise regelmäßig anzuheben, um bei einer Marke den Luxusappeal besonders zu betonen. Einen solchen Effekt konnte schon Veblen (1899) im 19. Jahrhundert anhand bestimmter Produkte beobachten, bei denen die Nachfrage stieg, wenn die Preise erhöht wurden. Deshalb wird dieser Wirkungsmechanismus in der Literatur auch häufig als Veblen-Effekt bezeichnet (Leibenstein 1950).

> **Preisradikalität in der Uhren- und Modeindustrie**
> Insbesondere in der Uhren- und Modeindustrie findet man im obersten Preissegment die Preisradikalität. Marken wie Hermès, Louis Vuitton und Patek Philippe, aber auch Rolex achten dabei auf eine besondere Preiskontinuität. Aus diesem Grund wird nur mit ausgewählten Vertriebspartnern zusammengearbeitet, die ihnen die Möglichkeit zur Führung eines eigenen unabhängigen Shops innerhalb ihrer Häuser anbieten. So besteht die Freiheit, die Preispolitik selbstständig zu gestalten und in bestimmten Zeiten die Preise sogar anzuheben, um sich von der aufsteigenden Premiummasse abzugrenzen.

Da die Preispolitik im Luxussegment radikal ist und auch ein Symbol für den Wert der DIVA darstellt, sollte bei der gesamten operativen Markenführung und insbesondere bei Verkaufsgesprächen auch auf den Wert eingegangen werden. Dabei muss das Verkaufspersonal den Preis indirekt zu rechtfertigen wissen und den Kunden dabei **inspirieren,** das Mysterium, den Geist der Produkte und auch den Zeitaufwand für die Herstellung jedes Produkts zu erkennen.

Warum der Preis aber niemals direkt in der Werbung gerechtfertigt werden darf, hat auch einen Grund. Man würde dadurch die luxuriöse Marke aus ihrem „Land der Sehnsucht" wieder auf den „Boden der Tatsachen" holen und damit ihre unverwechselbare Aura zerstören. Die Marke soll ja schließlich unerreichbar wirken. Außerdem gilt in gewissen Kreisen der folgende Spruch: **„Über Geld redet man nicht, das hat man!"**

3.2.2 Preissymbolik

Wie bereits beschrieben wurde, liegt aus der Perspektive des Markennutzens der Unterschied zwischen einer Premiummarke und einer luxuriösen Marke, also einem STAR und einer DIVA, in einem immensen Preisanstieg, der über den Wert des Produkts und den symbolischen Nutzen gerechtfertigt wird.

Der Preis ist also ein wichtiges Kriterium zur **Kennzeichnung einer luxuriösen Marke.** Psychologisch gesehen bedeutet eine Preissenkung deshalb immer etwas Negatives für die Marke. Sie suggeriert, dass sich die Ware nicht verkauft, weil die Ware vielleicht nicht so viel wert ist. Konsumenten, die beobachten, dass eine Marke zu bestimmten Zeiten günstiger zu erwerben ist, sind häufig nicht mehr dazu bereit, den einst höheren Preis zu zahlen, oder suchen teilweise akribisch nach Vertriebskanälen – online oder offline –, in denen sie die luxuriöse Marke billiger erwerben können. Aber eine echte DIVA werden sie hier nicht finden!

Preisanpassungen mindern immer die Kraft einer DIVA. Nicht selten wird dadurch aus einer DIVA ein STAR. Daneben können ständige Preisanpassungen langfristig sogar dazu führen, dass der Wert der Marke überhaupt nicht mehr geglaubt wird und die Zahlungsbereitschaft der Kunden rapide sinkt. Spätestens dann kann nicht mehr von einer luxuriösen DIVA gesprochen werden.

> **Wolfgang Joop – Negativbeispiel für Preispolitik**
> Die Marke „Wolfgang Joop" hatte in den 80er/90er Jahren durchaus das Potenzial für eine Luxusmarke. Durch permanenten Kurswechsel der Marke und vor allem einer nicht konsistenten Preispolitik hat das Management den Schaden der Marke zu verantworten.

Natürlich ist es für junge Marken sehr schwierig, den Preis immer stabil zu halten, aber es gibt nach Meinung des Wirtschaftswissenschaftlers Martin Fassnacht einige wenige Möglichkeiten, um Preisnachlässe im oberen Preissegment zu gewähren, beispielsweise mit einem Wegfall der Versandkosten oder mit saisonalen Preisnachlässen auf alte Kollektionen. Jungen Unternehmern muss aber bei allen derartigen Aktionen immer bewusst sein, dass diese immer einen leicht negativen Einfluss auf die Wahrnehmung der Marke bzw. der DIVA haben.

Insbesondere Preisaktionen des Handels, zum Beispiel im Schlussverkauf, haben einen negativen Effekt auf die Begehrlichkeit der Marke. Dies ist besonders bei ikonischen Produkten, also Klassikern einer Marke, der Fall, und hier ist **Preisstabilität** ein absolutes Muss. Beispielsweise dürfte Hermès niemals den Preis einer Birkin Bag senken, auch wenn die Nachfrage noch so gering sein sollte. Damit würde Hermès den ganzen Zauber und Mythos zerstören. Das Gegenteil ist eher der Fall, wie uns der Veblen-Effekt zeigt. Es gibt bestimmte Marken, bei denen Preissteigerungen sogar zu noch mehr Begehrlichkeit führen, da dies einen positiven Effekt auf das persönliche Empfinden von Hedonismus hat (Fassnacht 2014).

> **Rolex – Positivbeispiel für Preispolitik**
> Als Positivbeispiel für Preismanagement im Luxussegment kann Rolex angesehen werden. Das Unternehmen kaufte in der Finanzkrise seine Uhren von den Händlern zurück, da es befürchtete, dass die Händler die Rolex-Uhren aus Nervosität zu einem zu geringen Preis an die Kunden verkaufen würden (Fassnacht 2014).

▶ Fazit STAR: „Richten Sie sich beim Preis nach der Zahlungsbereitschaft Ihrer Fans!"
DIVA: „Der Wert spiegelt sich im Preis wider und der muss kontinuierlich sehr hoch sein."

Literatur

Brands4Friends. (2015). Das sind wir. https://www.brands4friends.de/webshop/about/start. Zugegriffen: 18. June 2015.
Fassnacht, M. (2014). *Interview in König (2014): Wie werde ich eine Diva?* Wiesbaden: Springer Gabler.
Kapferer, J. N., & Bastien, V. (2009). *The luxury strategy. Breaking the rules of marketing to build luxury brands*. London: KoganPage.
König, V. (2014). *Wie werde ich eine Diva? Marketing für junge Modedesigner.* Wiesbaden: Springer Gabler.
Kuhn. (2016). Für Ihren perfekten Auftritt: Hochzeitspaket Premium. http://www.kuhn-masskonfektion.com/hochzeit/premium-hochzeitspaket/. Zugegriffen: 17. Aug. 2016.
Leibenstein, H. (1950). Bandwagon, snob, and Veblen effects in the theory of consumers' demand. *Quarterly Journal of Economics, 64,* 183–207.
Meffert, H., Burmann, C., & Kirchgeorg, M. (2015). *Marketing: Grundlagen markorientierter Unternehmensführung*. Wiesbaden: Springer Gabler.
Veblen, T. (1899). *The Theory of the Leisure Class Theorie der feinen Leute: Eine ökonomische untersuchung der Institutionen*. Köln: Kiepenheuer & Witsch.
Yeoman, I., & McMahon-Beattie, U. (2005). Luxury markets and premium pricing. *Journal of Revenue and Pricing Management, 4*(4), 319–328.

Vertrieb und Verkaufsförderung 4

> **Was Sie in diesem Kapitel erwartet**
> Maßnahmen des Vertriebs und der Verkaufsförderung haben einen entscheidenden Einfluss auf den wahrgenommenen Wert einer Luxus- oder Premiummarke. Auf Basis des STAR-Prinzips für Premiummarken und der DIVA-Strategie für Luxusmarken werden Unterschiede hinsichtlich der Anforderungen an Vertriebspartner und der Verfügbarkeit sowie selektiven Distribution vorgestellt. Eine Vielzahl an Beispielen dient zur Vertiefung der Erkenntnisse.

4.1 STAR: „Wählen Sie nur Premiumvertriebspartner, aber seien Sie verfügbar!"

Eine STAR-Marke wählt zur Wahrung der Positionierung nur Premiumvertriebspartner aus. Dabei existiert zwischen Vertriebspartnern und Marke ein kontinuierlicher Imagetransfer, der im negativen Fall einer Premiummarke immens schaden kann. Wenn beispielsweise ein Vertriebspartner mit permanenten Preisreduktionen wirbt, kann es hier zu unschönen Effekten kommen und die Qualitätswirkung negativ beeinflussen.

4.1.1 Dilemma Vertriebspartner

Warum ist es neben der Preisproblematik wichtig, sich die Vertriebspartner sorgfältig auszusuchen? Der Hauptgrund liegt für eine Premiummarke in einer adäquaten Repräsentation der STAR-Produkte. Und genau dies stellt ein Dilemma dar. Einerseits ist die Kooperation mit starken Handelspartnern wichtig, um sichtbar zu sein und langfristig einen erfolgreichen Absatz zu gewährleisten, andererseits ist eine STAR-Marke den Entscheidungen des Handels in vielerlei Hinsicht ausgesetzt. Aus diesem Grund ist es notwendig, bei einer bestehenden Partnerschaft regelmäßig die Repräsentation der Marke zu überprüfen. Orientieren kann man sich dabei an den sogenannten Filterfunktionen (Meffert et al. 2015 in Anlehnung an Thies 1976). Diese zeigen die einzelnen Kategorien auf, in denen der Handel einen Einfluss auf die Repräsentation der Marke hat. Der Begriff „**Filterfunktion**" rührt daher, dass der Handel wie mit einem Filter den **unternehmerischen Spielraum der Premiummarke** begrenzen kann. Im Einzelnen bezieht sich das darauf,

- ob die Premiummarke überhaupt vertrieben bzw. distribuiert wird („**Distributionsfilter**"),
- ob die Premiummarke „image-adäquat" und gemäß der STAR-Eigenschaften vertrieben wird („**Imagefilter**"),
- welche quantitative und qualitative „Regalplatzfläche" für die Premiummarke bereitgestellt wird („**Platzierungsfilter**"),
- welche verkaufs- und nachkaufbezogenen Beratungs- und Serviceleistungen handelsseitig die Premiummarke komplettieren („**Service- und Beratungsfilter**").

4.1.2 Location, Verfügbarkeit und Social Media

Neben dem Imagedilemma bei einer Kooperation mit dem Handel spielt für STAR-Marken auch das Prinzip der Verfügbarkeit eine besondere Rolle. Damit ist aber nicht die Verfügbarkeit in Massen wie bei generischen Marken gemeint, sondern eine zielgruppenspezifische Verfügbarkeit, die zum Premiumsegment und zur Positionierung der STAR-Marke passt. In der Literatur wird dies auch häufig als „Masstige" bezeichnet – als Kombination zwischen Masse und Prestige (Truong 2009). Im Gegensatz zur DIVA, die ohne das Prinzip einer selektiven Distribution, also einer Verknappung, keine Faszination und Ausstrahlung hätte, bezieht die STAR-Marke ihre Ausstrahlung aus **Verfügbarkeit mit zuverlässiger Qualität und Signalwirkung.**

Selbstverständlich bezieht sich diese Verfügbarkeit auch auf die Lage; und nicht ohne Grund heißt es in der Literatur: „The three most important things in retail are: location, location, location" (Okonkwo 2007, S. 78). Die Lage, aber auch der konkrete Standort und die Nachbarschaft stellen demnach wichtige Voraussetzungen für den Erfolg einer STAR-Marke dar. Dies umfasst dabei aber mehr als nur den physischen Verkaufsraum inklusive Einrichtung und Ausstattung.

> **Die Bedeutung der Lage am Beispiel Nespresso**
> Nespresso ist ein Beispiel für eine typische Premium-STAR-Marke. In Deutschland findet man die Verkaufsstellen von Nespresso, die elegant und entsprechend einer Premiumpositionierung als Boutiquen bezeichnet werden, in zehn deutschen Großstädten in zentraler Lage und entsprechender Nachbarschaft. Dabei fallen die Ladenlokale

nicht nur durch modernes Design auf, sondern bieten auch die Möglichkeit, alle Nespresso-Produkte kennenzulernen. Die Boutiquen erinnern an Showrooms aus dem Modebereich und vermitteln ein ganzheitliches Markenerlebnis (Nespresso 2015). Neben einer Investition in die Qualität investiert dadurch die Marke gezielt in ihren symbolischen Markennutzen. Die Verpackungen der Produkte inklusive der Tüte verstärken dieses Prestigeerlebnis.

Um zu wachsen, setzen viele Premiumanbieter im Immobilienbereich, beispielsweise von Poll, Dahler & Company und Engel & Völkers, auf sogenannte Franchisesysteme, worunter man die Vergabe von Lizenzrechten an Vertriebspartner für die Verwendung der Premiummarke auf ein vorbestimmtes Segment versteht. Als selbstständiger Franchisepartner profitieren Vertriebspartner von dem Renommee einer Premiummarke wie beispielsweise Engel & Völkers. Durch die Stärke und den hohen **Wiedererkennungswert** dieser Marke gewinnen sie Kunden mit Premiumobjekten und potenzielle Mitarbeiter wie von selbst. Dies basiert häufig neben der hohen Markenwiedererkennung auf standardisierten, hochprofessionellen Dienstleistungen (Engel und Völkers 2016).

> **Franchisesystem im Immobilienbereich – Beispiel Engel & Völkers**
> Engel & Völkers ist ein erfolgreiches Immobilienunternehmen, das in vielen Bereichen eine typische Premiumstrategie verfolgt. Gegründet wurde das Unternehmen im Jahr 1977 in Hamburg und entwickelte sich im Laufe der Jahre zu einem der weltweit führenden Dienstleistungsunternehmen für die Vermittlung von Immobilien. Erfolgsfaktor für das robuste Wachstum der Marke ist das Franchisesystem des Hauses, das in den 90er Jahren eingeführt wurde. Die einzelnen Partner innerhalb dieses Systems profitieren von vielen Vorteilen der etablierten Premiummarken. Neben der einheitlichen Corporate Identity mit bekanntem Corporate Design, einer individuellen Betreuung der einzelnen Vertriebspartner und vielfältigen IT- und Marketingservices für die mittlerweile 700 Niederlassungen sind es aber auch die bedarfsgerechten Aus- und Weiterbildungsmöglichkeiten an einer unternehmenseigenen Akademie, die sich positiv auf den Geschäftserfolg auswirken. (Engel und Völkers 2016).

Um einer qualitätsorientierten Verfügbarkeit gerecht zu werden, realisieren die großen Premiumanbieter ihren Kundenservice nicht mehr allein „inhouse" über eigene Serviceabteilungen, sondern kooperieren auch mit externen Dienstleistern. Es gibt bereits einige internationale Callcenter, die gezielt mit speziellen Angeboten für Premiumanbieter werben – beispielsweise das Callcenter „Global Response", das u. a. für die Marke Tory Burch arbeitet (König und Burmann 2012).

Allerdings bestehen bei einer Zusammenarbeit mit externen Dienstleistern sowohl Chancen als auch Risiken. Zu den Chancen für Premiumanbieter gehört vor allem der Ausgleich der Ressourcenknappheit, denn mit zunehmenden Anforderungen an das IT-Datenmanagement u. a. durch **Customer Relationship Management** (CRM) und einem Engagement in den sozialen Netzwerken sind die Erwartungen gestiegen. Von Vorteil ist auch, dass mehr Geld für den gezielten Aufbau von eigenen Mitarbeitern zu echten Markenbotschaftern vorhanden ist. Positiv wirkt sich außerdem aus, dass nach Berichten von Branchenexperten bei Projekten für Premiumanbieter die Zufriedenheit bei externen Servicemitarbeitern oft stärker ausgeprägt ist als bei internen. Externe seien einfach sehr stolz darauf, wenn sie einmal für einen Premiumkunden arbeiten dürften (König und Burmann 2012).

Den Chancen einer Zusammenarbeit mit externen Dienstleistern müssen auch einige Risiken gegenübergestellt werden, denn das Management der Premiummarke läuft hier nicht immer störungsfrei. Dies hängt mit der Tatsache zusammen, dass keine direkte Arbeitsbeziehung zwischen den externen Servicemitarbeitern und den auftraggebenden Premiummarkenunternehmen besteht. Auch muss darauf hingewiesen werden, dass externe Dienstleister in vielen Fällen eigenständige Unternehmen darstellen, die wirtschaftlich und juristisch von ihren Auftraggebern unabhängig sind. Erst durch einen konkreten Auftrag entsteht eine Geschäftsbeziehung und damit Abhängigkeit, die aber nicht mit der eines Absatzmittlers zu vergleichen ist, mit dem häufig sehr langfristige Verträge abgeschlossen werden. Daneben müssen externe Servicemitarbeiter häufig gleichzeitig für mehrere Markenunternehmen arbeiten, die aber nicht immer im oberen Segment positioniert und demnach nicht mit denselben Marketingstrategien zu führen sind.

▶ **Pull versus Push im Premiumsegment** Um die Verfügbarkeit im Sinne eine Premiummarke zu garantieren, versuchen die Anbieter in Form einer sogenannten Pull-Strategie vorzugehen. Bei dieser Strategie wird der Nachfrager direkt durch die Kommunikationsmaßnahmen des Premiumanbieters angesprochen, der Handel somit übersprungen. Der hierdurch angeregte Bedarf führt zur aktiven Nachfrage der Konsumenten beim Handel im Sinne eines Nachfragesogs. Dadurch wiederum sieht sich der Handel – im Idealfall ohne weitere Herstellerinitiative – veranlasst, die Marke im Sortiment zu führen. Das Gegenteil ist die sogenannte Push-Strategie, bei der dem Handel vom Premiumanbieter Anreize geboten werden, die zu einer Listung und eigenständigen Förderung der entsprechenden Herstellermarken veranlassen sollen. Es wird versucht, die Marke in die Regale des Handels „hineinzudrücken" (Meffert et al. 2015).

Auch in der digitalen Welt ist auf die Regeln des STARs zu achten. Hintergrund ist, dass der technologische Fortschritt das Konsumentenverhalten verändert hat und für STAR-Premiummarken die Auswirkungen der digitalen Revolution auf das Verbraucherverhalten in den letzten zehn Jahren überwältigend sind. Durch das Internet sind Verbraucher „mündig" geworden und ihre Erwartungen an Premiummarken gestiegen (Okonkwo 2007, S. 178 ff.).

Vor allem in Bezug auf die Erreichbarkeit können Premiummarken die Vorteile des Internets nutzen, denn es ist möglich geworden, das Angebot einem großen Publikum zu jeder Tages- und Nachtzeit anzubieten. Dabei ist auch auf eine Kombination von E-Commerce und anderen Vertriebskanälen zu achten (beispielsweise Vertrieb über den klassischen Handel und Direktvertrieb), denn die sogenannten **Mehrkanalvertriebssysteme** haben gerade für Premiummarken viele Vorteile (Meffert et al. 2015):

- Die Chancen liegen vor allem in einer Generierung von mehr **Umsatz,** beispielsweise durch die Erschließung mehrerer Kanäle,
- daneben können bei richtiger Implementation auch erhebliche **Kosten gespart** werden, beispielsweise durch Kostensenkung im Service durch FAQ im Internet, und
- die **Kundenzufriedenheit** angehoben werden, beispielsweise durch Bereitstellung kundennaher und leicht zugänglicher Absatzkanäle.

Aber auch die sozialen Medien eignen sich immer mehr als Vertriebskanal. Dazu gehören Kanäle wie Facebook, YouTube, Instagram etc. Neben einem positiven Imageeffekt lassen sich über Social Media vor allem auch Kundeninformationen generieren und Kunden zur Diskussion einladen. Premiumwarenhäuser wie beispielsweise Peek & Cloppenburg nutzen diese Möglichkeiten. Auf der Homepage von Peek & Cloppenburg findet man einen Bereich, der es Nachfragern erlaubt, Freunde oder Bekannte zum Chat einzuladen, um deren Meinung über spezifische Produkte einzuholen. Diese Applikation hilft zum einen, auf Kundenseite Fehlkäufe zu vermeiden und Beratung zu erhalten – was somit auch die Retourenrate bei P&C senken dürfte –, zum anderen dem Unternehmen bei der Informationsgewinnung darüber, welche Produkte gut beim Kunden ankommen und welche eher nicht (Chevalier und Mayzlin 2006; Newmann 2015).

Social Media als Vertriebskanal am Beispiel von French Connection
Ein positives Beispiel für den Vertrieb über die sozialen Medien ist das Modehaus French Connection. Im Jahr 2011 etablierte es seine sogenannte Youtique, eine Wortkombination aus YouTube und Boutique. French Connection nutzt damit YouTube, um Produkte nicht nur zu bewerben, sondern auch zu verkaufen. Am Ende eines jeden Videos haben Kunden die Möglichkeit, das vorgestellte Modeprodukt direkt über einen integrierten Kauf-Button zu bestellen. Dieser leitet den Nutzer direkt in den Online-Shop weiter (Newmann 2015).

Die Regeln der STARs müssen auch auf **Blogger** übertragen werden, die im luxuriösen Segment – insbesondere im Modebereich – zunehmend eine besondere Rolle spielen. Diese bloggenden Experten sind häufig in den Social-Media-Kanälen eines Unternehmens etabliert und können glaubwürdige Markenempfehlungen abgeben. Sie fungieren als Multiplikatoren und Trendbarometer. Die Schwierigkeit dabei ist jedoch die richtige Ansprache dieser Blogger – denn instrumentalisieren lassen sich die sogenannten Influencer nur äußert ungern. Blogger Relations kosten demnach Zeit und Geduld (Haufe 2016).

▶ **Verschmelzung von Social Media und E-Commerce** Studien zufolge sollen Social Media und E-Commerce immer stärker verschmelzen. So haben erst vor kurzem Facebook und Pinterest einen Schritt in diese Richtung gewagt: Facebook mit Integration des Buy-Buttons und Pinterest mit den „Buyable Pins". Dieser Trend soll weiter anhalten. Social Commerce erlaubt den Nutzern, Dinge mit einem Klick direkt auf der jeweiligen Plattform zu bestellen (Haufe 2015).

4.2 DIVA „Machen Sie sich rar und lassen sich Zeit, aber verführen Sie."

Wachstum einer Marke führt einerseits zu höheren Einnahmen, kann aber andererseits auch den Wert der Marke mindern (Keller 2009, S. 290 ff.). Insbesondere im Luxussegment ist hier Vorsicht geboten, da die Begehrlichkeit der Marke durch eine zu hohe Verfügbarkeit nachlässt. Hierzu gibt es ein altes deutsches Sprichwort: „Willst Du was gelten, dann mach Dich selten." Dies trifft insbesondere auf die DIVA zu, denn Seltenheit sorgt dafür, dass sie nicht zu einem Massenprodukt wird, das banal und austauschbar wirkt, sondern ihre Strahlkraft behält.

4.2.1 Magie der Seltenheit

Zwischen einer luxuriösen Marke und ihren Konsumenten besteht eine Beziehung, die man mit der Beziehung zwischen einer Hollywood-Diva und ihrem Bewunderer vergleichen kann. Die Diva ist für ihren Bewunderer deshalb so interessant, weil sie sich nicht sofort auf sein Werben einlässt. Sie entzieht sich etwas und ist schwierig zu haben. Deshalb wird es der Bewunderer besonders wertschätzen, wenn er sie endlich erobern kann. Wenn sie sich auf sein Werben gleich einlassen würde, würde sie an Attraktivität verlieren.

Das Forschungsgebiet der Luxusmarke wird zunehmend attraktiver (Ko et al. 2016). Trotz unterschiedlicher Sichtweisen zu Einzelaspekten sind sich die Autoren darüber einig, dass ein möglichst großes Volumen bzw. Wachstum nicht die primären Ziele einer luxuriösen Marke sind, denn sie können die Begehrlichkeit der DIVA schwächen (in Anlehnung an Keller 2009).

Das Begehrlichkeitsparadoxon luxuriöser Marken
„Je begehrenswerter man ist, umso mehr verkauft man. Und je mehr man verkauft, umso weniger begehrenswert wird man. Es kann vorkommen, dass wir die Produktion einer Krawatte stoppen, wenn sie zu erfolgreich wird. Einfach weil Erfolg auch Banalität bedeuten kann. Wir dürfen auf keinen Fall banal werden" (Patrick Thomas, Vorstandschef von Hermès, Spiegel 2012, S. 75).

Der Wirkungsmechanismus ist also genau gegensätzlich zu dem im Massensegment, und dies zeigt sich eindrucksvoll bei den großen luxuriösen Marken. Durch ihre häufig **selektive Distribution** sind sie nicht immer verfügbar und beschützen somit die Begehrlichkeit ihrer Produkte.

> **Limitierung bei Louis Vuitton**
> Die Marke Louis Vuitton limitiert die Nachfrage sehr bewusst. In bestimmten nachfrageintensiven Zeiten, etwa vor Weihnachten, darf nur eine bestimmte Anzahl an Menschen den Louis-Vuitton-Laden betreten, und auch die Anzahl der Produkte, die pro Person gekauft werden dürfen, ist teilweise begrenzt. Dieses selektive Vorgehen soll die Begehrlichkeit der Marke wahren. Die Kunden sollen dabei erfahren, dass eine luxuriöse Marke etwas Besonderes ist, weil sie knapp ist, und dass es sich für echten Luxus auch einmal zu warten lohnt (u. a. Fassnacht und Kluge 2012).

Der Kunde soll also das Gefühl haben, dass er sich die luxuriöse Marke verdienen muss. Je größer die Unzugänglichkeit – ob echt oder nur virtuell –, desto größer ist das Verlangen nach der Marke (Kapferer und Bastien 2009, S. 67). International erfolgreiche luxuriöse Marken (beispielsweise Dior und Saint Laurent) gibt es nicht „an jeder Ecke", und das ist auch sinnvoll, denn wenn ein Konsument eine luxuriöse Marke ohne viel Aufwand einfach so erwerben könnte, würde er ihren Wert nicht schätzen und die Begehrlichkeit würde darunter leiden. So hat die stärkste luxuriöse Marke, Louis Vuitton, demnach in Deutschland nur wenige Verkaufsstellen.

4.2.2 Wartelisten, Rituale und Verzauberung am POS und in den sozialen Medien

Eine wichtige Rolle bei der Begehrlichkeit spielt auch der Faktor Zeit. Hierbei geht es um die Zeit, in der der Kunde nach dem Produkt sucht oder auch sehnsüchtig auf die Lieferung wartet.

> **Der Faktor Zeit bei der Marke Rolls Royce**
> Der Faktor Zeit bedeutet für einen Anbieter wie beispielsweise Rolls Royce, dass man nicht gleich auf Anfragen reagieren sollte. Auch Produktion und Lieferung sollten nicht ad hoc erfolgen, damit Konsumenten realisieren, dass es sich um einen besonderen Herstellungsprozess mit verschiedenen Veredelungsstufen handelt. Bestimmte Produktbestandteile per Handarbeit zu fertigen, wie es Rolls Royce praktiziert, unterstreicht das Luxuriöse und kostet selbstverständlich Zeit und das muss so auch an den Kunden kommuniziert werden.

Zeit signalisiert zum einen Qualität, zum anderen wirkt sich das Warten der Konsumenten positiv auf die Begehrlichkeit aus. Wenn man nach vielen Anstrengungen endlich das begehrte Stück erhalten hat, wird man es eher wertschätzen, als wenn man es sofort hätte haben können. Man kann es auch mit dem lateinischen Spruch sagen: **„Per aspera ad astra",** auf Deutsch: „Nur durch Mühsal gelangt man zu den Sternen."

Dieses Zeitprinzip stellt wieder die umgekehrte Logik zum traditionellen Massenmarketing dar, das alles dafür tut, möglichst schnell die Kundenbedürfnisse zu bedienen, zum Beispiel durch professionelle Multi-Channel-Vertriebssysteme. Obwohl ein exzellenter Kundenservice auch für eine luxuriöse Marke essenziell ist, geht es bei luxuriösen Marken teilweise darum, dem Kunden **Hürden** einzubauen, denn viele Menschen genießen Luxus erst dann, wenn sie zuvor Hindernisse überwinden mussten. Worin diese Hindernisse auch immer bestehen mögen – **ob finanzieller, kultureller und/oder anwendungsorientierter Art** –, es ist für manche Menschen eine erstrebenswerte Herausforderung, zum Beispiel zu lernen, wie Luxus in „feiner Gesellschaft" zu genießen oder zu tragen ist (Kapferer und Bastien 2009, S. 67).

Insbesondere für Luxusmarken ist aber auch die Lage ein entscheidender Erfolgsfaktor (Jackson 2004), weil sie neben der Sichtbarkeit und Zugänglichkeit auch einen positiven Image- und Prestigetransfer auf die Wahrnehmung der Luxusmarke mit sich bringt. Die Geschäfte in der Nachbarschaft, die Zentralität und die allgemeine Reputation der Lage spielen eine Rolle. Dies unterstreicht die Luxuspositionierung und stärkt die Authentizität der Marke. Eine ungeeignete Lage stellt dagegen eine Barriere für den Erfolg einer Premiummarke dar. Die DIVA-Marke wirkt unglaubwürdig, auch wenn das Produkt noch so vielversprechend sein mag (Arrigo 2015).

> **Lage, Lage, Lage**
>
> Der POS und die Lage spielen für Luxusmarken eine besondere Rolle. In der „Hauptstadt der Mode", Paris, ist eine der besten Lagen die Avenue Champs-Elysées und ihre Umgebung, einschließlich der Avenue Montaigne und der Avenue George V. Dieser Bezirk wird auch als „Triangle d 'Or" oder das „Golden Triangle" bezeichnet. Ähnliche Toplagen gibt es auch in London mit der Gegend um die Knightsbridge, einschließlich der Sloane Street und Bond Street (Abb. 4.1). In München ist es die Maximilianstraße und in Mannheim die Planken mit dem Kaufhaus Engelhorn. All diese Gegenden verfügen über Geschäfte von Topmarken wie Gucci, Armani, Prada, Tiffany und Louis Vuitton (Okonkwo 2007, S. 79).

Die Forderung nach zentraler und angesehener Lage gilt nicht nur für eigene Shops, sondern auch für die Auswahl von Handelspartnern, beispielsweise Warenhäusern, in denen man Ladenflächen mieten kann. Im Modebereich gehören zu den besten Kaufhäusern der Welt wohl zweifelsohne in Frankreich die Galeries Lafayette oder das Kaufhaus Printemps und Le Bon Marché (Okonkwo 2007, S. 81), in Deutschland der „Oberpollinger" in München und das Kaufhaus des Westens in Berlin.

Neben der Lage ist auch die **emotionale Ansprache am POS über alle fünf menschlichen Sinne entsprechend der Markenidentität** entscheidend. Dabei spielt das Design eine besondere Rolle – dazu gehören Licht, Farben, Layout, Wandgestaltung, Qualität der verwendeten Materialien der Einrichtung und Musik (Arrigo 2015 in Anlehnung an Orth et al. 2012). Ganz allgemein hat das Store-Konzept einen positiven Effekt auf die Markenbeziehung (Arrigo 2015 in Anlehnung an Brakus et al. 2009).

4.2 DIVA „Machen Sie sich rar und lassen sich Zeit, aber verführen Sie."

Abb. 4.1 Verkaufsstandort Farrow & Ball

▶ **Multisensuales POS-Erlebnis – die menschlichen Sinne, die die DIVA-Marke überzeugen muss**

- **Optik:** Sämtliche Grafiken, Bilder, Farben, Texte, Videos und alle Designelemente müssen sich an der DIVA orientieren.
- **Akustik:** Musik und andere akustische Effekte müssen sich an der DIVA orientieren.
- **Olfaktorik:** Gerüche wie spezifische Raumdüfte und Parfümproben müssen sich an der DIVA orientieren.
- **Haptik:** Verkaufsmaterialen, Einsatz von Personalisierung und Usability müssen sich an der DIVA orientieren.
- **Gustatorik:** Das Erlebnis des Schmeckens muss sich an der DIVA orientieren, zum Beispiel im Rahmen von Events.

Das Visuelle – also die Gestaltung der Verkaufsräume – spielt eine besondere Rolle und ist ein integraler Aspekt des Vertriebs von Premiummarken. Der Ausdruck der Markenidentität ist hier entscheidend. Oft ist ein Ladenlokal der erste Punkt des realen physischen Kontakts zwischen Verbrauchern und Marke. Die Identität der Marke wird dabei maßgeblich durch das Store-Konzept projiziert, von wo aus das Bild der Marke aus Kundensicht entweder erst gestaltet oder mit einem bereits vorhandenen Bild abgeglichen wird. Dieses Bild führt in der **Psyche der Verbraucher** auch zu einer Art Positionierung und Beurteilungsbasis. Wenn zum Beispiel ein Kunde eine Printanzeige einer luxuriösen Marke gesehen hat und später beim Besuch des Ladenlokals dieses Bild der Marke bestätigt wird, führt das zu einer Stärkung des Images (Okonkwo 2007, S. 81).

Das Konzept umfasst die Planung, die Atmosphäre, die Größe und die persönlichen Verkaufstechniken. Das **Design des Geschäfts** ist einer der auffälligsten Aspekte am POS. Es bezieht sich auf die Ladengestaltung und Elemente seiner Ästhetik wie seine Farben, Dekoration und Beleuchtung. Ziel ist es, die Kunden zu fesseln und natürlich zum Kauf zu verführen (Okonkwo 2007, S. 82).

Neben dem stationären Handel wird aber auch das Online-Marketing immer wichtiger, obwohl die Luxusmarken hier anfangs zögerlich waren (Riley und Lacroix 2003). Ganz allgemein nimmt die Bedeutung der Kommunikation über das Internet für Luxusmarken immer mehr zu, da die Zielgruppen mittlerweile alle online sind. Neben Chancen zur Präsentation der Marke wird es aber auch als kritischer Kanal gesehen (Dall'Olmo und Lacroix 2003). Ein großes Risiko stellt dabei jedoch das Thema **Fälschungen** dar. Denn durch die Präsentationen im Internet können sie leichter kopiert werden. Um die Exklusivität des Vertriebs zu wahren, verfolgen einige Luxusmarken „Closed Shop"-Zugänge, die nur ausgewählten Kunden die Möglichkeit bieten, an bestimmte Informationen zu kommen oder an Events teilzunehmen. Grundsätzlich kann man in diesem Zusammenhang festhalten, dass die Kernherausforderung für Luxusmarken heutzutage darin besteht, **eine Balance zu finden zwischen Exklusivität und der allgegenwärtigen Erhältlichkeit von Luxus.** Durch die sogenannte Demokratisierung des Luxus ist er heute praktisch überall zu finden und die globale Nachfrage nach Luxusgütern steigt. Trotzdem muss versucht werden, eine Luxusmarke exklusiv zu halten, denn davon leben Luxusmarken (Wiedmann et al. 2007). Trotz des Gebots der Seltenheit kann bei Luxusmarken beobachtet werden, dass die Live-Events in den sozialen Medien zunehmen. „In-the-Moment"-Updates kommen mehr und mehr in Mode im obersten Preissegment. Ein Live-Video-Stream beispielsweise von einer Modenschau macht aus Social Media kein Medium für eine Rückschau (Haufe 2015), sondern stimuliert den Vertrieb über das Internet im Sinne von Verkaufsförderung. Um auch online zu verzaubern, sind die DIVA und das spezifische Markenversprechen einzuhalten, wobei diese **Checkliste** (Okonkwo 2007, S. 211) helfen kann:

- Erregt der Internetauftritt die **Aufmerksamkeit** der Kunden durch Design, Layout und Struktur?
- Verkörpert der Internetauftritt die **Identität,** Persönlichkeit und das zentrale Bild der Luxusmarke?
- Spürt der Kunde das zentrale **Markenversprechen** der Luxusmarke?
- Übermittelt der Internetauftritt die gewünschte **luxuriöse Atmosphäre**?

- Hat der Internetauftritt einen positiven Einfluss auf den Markenwert und erhöht er den Wert der Marke?

▶ Fazit STAR: „Wählen Sie nur Premiumvertriebspartner, aber seien Sie verfügbar."

DIVA: „Machen Sie sich rar und lassen sich Zeit, aber verführen Sie."

Literatur

Arrigo, E. (2015). The role of the flagship store location in luxury branding. An international exploratory study. *International Journal of Retail & Distribution Management, 43*(6), 518–537.

Brakus, J. J., Schmitt, B. H., & Zarantonello, L. (2009). Brand experience: What is it? How is it measured? Does it affect loyalty? *Journal of Marketing, 73*(3), 52–68.

Chevalier, J., & Mayzlin, D. (2006). The effect of word of mouth on sales: Online book reviews. *Journal of Marketing Research, 43*(3), 345–354.

Dall'Olmo, F., & Lacroix, R. C. (2003). Luxury branding on the Internet: Lost opportunity or impossibility? *Marketing Intelligence & Planning, 21*(2), 96–104.

Engel & Völkers. (2016). Das Engel & Völkers Franchisesystem. https://www.engelvoelkers.com/de-de/franchise/das-engel–voelkers-franchisesystem/. Zugegriffen: 13. June 2016.

Fassnacht, M., Kluge, P. N., & Mohr, H. (2012). Do luxury pricing decisions create price continuity? In C. Burmann, V. König, & J. Meurer (Hrsg.), *Identitätsbasierte Luxusmarkenführung: Grundlagen – Strategien – Controlling* (S. 121–137). Wiesbaden: Springer Gabler.

Haufe. (2015). Fünf bedeutende Social-Media-Trends für 2016, 26.11.2015. https://www.haufe.de/marketing-vertrieb/online-marketing/social-media-fuenf-wichtige-trends-fuer-2016_132_329046.html. Zugegriffen: 3. März 2016.

Haufe. (2016). Social Media: Wo 2016 die Prioritäten liegen sollten, 12.02.2016. https://www.haufe.de/marketing-vertrieb/online-marketing/social-media-wo-2016-die-prioritaeten-liegen-sollten_132_339062.html. Zugegriffen: 3. März 2016.

Jackson, T. (2004). A contemporary analysis of global luxury brands. In M. Bruce, C. M. Moore, & G. Birtwistle (Hrsg.), *International retail marketing. A Case Study Approach* (S. 155–169). New York: Elsevier.

Kapferer, J.-N., & Bastien, V. (2009). *The luxury strategy. Breaking the rules of marketing to build luxury brands*. London: Kogan Page.

Keller, K. L. (2009). Managing the growth tradeoff: Challenges and opportunities in luxury branding. *Journal of Brand Management, 16*, 290–301.

Ko, E., Phau, I., & Aiello, G. (2016). Luxury brand strategies and customer experiences: Contributions to theory and practice. *Journal of Business Research*. http://www.sciencedirect.com/science/article/pii/S0148296316304210. Zugegriffen: 8. June 2016.

König, V., & Burmann, C. (2012). Innengerichtete Markenführung in extern beauftragten Call Centern. Zeitschrift für Führung und Organisation, zfo.

Meffert, H., Burmann, C., & Kirchgeorg, M. (2015). *Marketing: Grundlagen markorientierter Unternehmensführung*. Wiesbaden: Springer Gabler.

Nespresso. (2015). Übersicht: Nespresso-Boutiquen in Deutschland (Update 2015). http://www.kapselmaschinen.net/2012/nespresso-boutiquen-in-deutschland/. Zugegriffen: 23. Nov. 2015.

Newmann, M. (2015). Social Media im Rahmen einer Multichannel Strategie. E Commere News Magazin, e-Commerce Highlights, 11. Mai 2015. https://ecommerce-news-magazin.de/e-commerce-news/e-commerce-exklusiv/social-media-im-rahmen-einer-multichannel-strategie/. Zugegriffen: 3. März 2016.

Okonkwo, U. (2007). *Luxury fashion branding: Trends, tactics, techniques*. Basingstoke: Palgrave Macmillan.

Orth, U. R., Heinrich, F., & Malkewitz, K. (2012). Servicescape interior design and consumers' personality impressions. *Journal of Services Marketing, 26*(3), 194–203.

Riley, F., & Lacroix, C. (2003). Luxury branding on the internet: Lost opportunity or impossibility? *Marketing Intelligence & Planning, 21*(2), 96–104.

Spiegel. (2012). *Wir sind Handwerker, 2012*(52), 75.

Thies, G. (1976). *Vertikales Marketing*. Berlin: De Gruyter.

Truong, Y., McColl, R., & Kitchen, P. J. (2009). New luxury brand positioning and the emergence of masstige brands. *Journal of Brand Management, 16*(5), 375–382.

Wiedmann, K.-P., Hennigs, N., Siebels, A., & Rieger, D. (2007). *Der Einfluss von Peer-Groups und Sozialen Netzwerken auf den Konsum von Luxusgütern, Schriftenreihe Marketing Management*. Hannover: Universität Hannover Institut für Marketing & Management.

Kommunikation 5

> **Was Sie in diesem Kapitel erwartet**
> Mit Hilfe von Kommunikation wird das Markenversprechen im Luxus- oder im Premiumsegment ausgedrückt. Auf Basis des STAR-Prinzips für Premiummarken und des DIVA-Prinzips für Luxusmarken werden Anforderungen an eine signalstarke oder eine diskrete Kommunikation, Ansätze zur Pflege von Markenmythos und Anknüpfungspunkte zur Kunst beschrieben. Eine Vielzahl an Beispielen dient zur Vertiefung der Erkenntnisse.

5.1 STAR: „Bewerben Sie Ihre Ware signalstark."

Oberstes Ziel der Kommunikation einer Premiummarke ist eine signalstarke qualitätsorientierte Bewerbung ihrer Produkte. Würde man die Kommunikation und das Auftreten einer Premium-STAR-Marke mit der Persönlichkeit eines Menschen vergleichen, wäre dieser **eher extrovertiert als introvertiert.** Dabei steht die Vermittlung von Prestige vor allem in Bezug auf einen Geltungskonsum im Zentrum.

> **Designhotel Roomers in Frankfurt – lasziver Lifestyle mit extravagantem Charme**
> Das Designhotel Roomers in Frankfurt ist ein typisches Beispiel für eine Premiummarke mit erheblichem Prestigecharakter. Der Markenname, die Einrichtung, die Atmosphäre und die gesamte Kommunikation drücken eine verführerische und leicht verruchte Markenpersönlichkeit aus. Das Versprechen der Marke kann dabei als „lasziver Lifestyle mit extravagantem Charme" beschrieben werden, denn das Roomers versteht sich als ein Ort, der die Fantasie seiner Gäste beflügeln und ihre Kreativität stimulieren will. Insbesondere bei der signalstarken Markenkommunikation wird dies

Abb. 5.1 Roomers

deutlich, denn das Hotel wirbt mit einer Art Offenbarung burlesquer Eleganz inmitten der pulsierenden Frankfurter Metropole (Roomers 2016, vgl. auch Abb. 5.1).

5.1.1 Sichtbarkeit und Erfolgsstreben

Qualität und Sichtbarkeit spielen im Premiumsegment eine besondere Rolle, da sie eine Voraussetzung sind, Bewunderung auszulösen. Die richtige **Gestaltung des Logos** ist hierbei erfolgsentscheidend, denn es ist ein Symbol für den Status, der mit einer Premiummarke einhergehen soll, und schließlich ist der Veblen-Effekt das dominierende Kaufmotiv. Es geht also um die **Zurschaustellung des Erreichten.** Wie stark sich dies äußert und auf welche Aspekte sich dies besonders bezieht, hängt häufig auch von kulturellen Motiven ab (Dalmoro et al. 2016, S. 721 ff.). Bei Premiummarken kommt es aber immer auch darauf an, die Kommunikation des Qualitätsaspekts zu beachten.

Abfrage des sozialen Effekts
In der Literatur gibt es verschiedene Skalen zum Messen dieses sozialen Effekts, zum Beispiel bei Baalbaki und Guzmán (2016):

- (Brand X) improves the way I am perceived by others.
- (Brand X) would make a good impression on other people.
- (Brand X) would give its owner social approval.
- (Brand X) helps me feel accepted.

> **Siemens**
> Siemens ist ein Beispiel für eine Premiummarke, da sie mit Qualität wirbt, beispielsweise in ihrer Kampagne zum iQ700-Backofen mit dem Slogan „Backen in Bestzeit". Im Zentrum der Kampagne steht eine fünfzigprozentige Zeitersparnis dank intelligent kombinierter Heiztechnologien. Auch der technisch klingende Produktname selbst spiegelt die Positionierung wider.

Wie wird ein **Logo** im Premiumsegment gelernt? Dies kann man mithilfe des Reiz-Reaktion-Musters im Sinne von Konditionierung erklären.

▶ **Konditionierung** Unter Konditionierung versteht man einen Lernvorgang, der eine emotionale Reaktion auf einen bislang als neutral empfundenen Reiz hervorruft (Bredenkamp und Wippich 1977).

Der Erfolg vieler bekannter Premiummarkenlogos lässt sich mit **Konditionierung** erklären. Ob BMW, Nespresso oder Polo: Zu Beginn waren alle Logos unbekannt und mussten zunächst bekannt gemacht und mit Symbolik aufgeladen werden.

> **Konditionierung des Logos der Marke Polo Ralph Lauren**
> Ganz zu Beginn stellte der noch unbekannte Polo-Reiter einen neutralen Reiz dar. Da er aber wiederholt mit einem emotionalen Reiz (zum Beispiel trägt ein erfolgreicher Golfspieler oder Schauspieler ein Hemd mit Polo-Zeichen) gekoppelt wurde, rief der vormals neutrale Reiz nun die beabsichtigte emotionale Reaktion (Polo-Logo löst beispielsweise Bewunderung aus) hervor. So entstand die starke Signalwirkung des Polo-Logos.

Die signalstarke Kommunikation einer Premiummarke sollte über sämtliche Kanäle integriert verlaufen. Qualitätsorientierte Inhalte beispielsweise zu Materialgüte, Normen, Studien, Statistiken sollten im gesamten Multi-Kanal-System in Bezug auf Zeit, Inhalt und Stil abgestimmt kommuniziert werden. Durch Preise und Zertifikate können die Premiumeigenschaften noch stärker herausgestellt und der Prestigecharakter hervorgehoben werden.

> **Makler-Kompass – Auszeichnung für den Premiumanbieter von Poll**
> Auszeichnungen wie ein Preis des Capital-Makler-Kompass unterstreichen die Positionierung von Immobilienmaklern im Premiumsegment. Im ersten Schritt des Auswahlverfahrens wurden die Angebote von 7876 Maklern auf den wichtigsten Internetportalen in den vergangenen zwölf Monaten erfasst und anschließend die 1041 Anbieter mit den meisten Offerten herausgefiltert. Im zweiten Schritt analysierten Experten die Qualität der Makler. Geprüft wurden die Marktposition des Unternehmens, die Qualifikation der Mitarbeiter, die Abläufe rund um Akquise und

Vermarktung sowie die Ausgestaltung von Exposé und Vertrag. Ein hoher Standard beim Kundenservice brachte zusätzliche Punkte. Basis für die Bewertung bildeten ein umfangreicher Fragebogen sowie die Analyse von Verkaufsunterlagen und Verträgen. Der Immobilienvermittler von Poll erhielt in der Analyse 26 Mal die Höchstnote (Capital 2015).

5.1.2 Codes der Premiumkommunikation und Social Media

Damit Premiummarken in der Gunst ihrer Kunden nicht fallen, versuchen sie in vielen Fällen, die besonderen Kommunikations-Codes des obersten Preissegments zu kopieren. Wie Luxusmarken setzen sie dabei gezielt auf die Inszenierung eines Sehnsuchtslands, stellen das Besondere und das Seltene heraus. Premiummarken kommunizieren diese Botschaft vergleichsweise offensiv, laut und prestigebezogen. Die Sichtbarkeit ist dabei ein absolutes Muss, und um im Gespräch zu bleiben, wird dabei auch häufig mit sogenannten **Testimonials** gearbeitet. Marken wie BMW mit Madonna oder Nespresso mit George Clooney sind nur zwei Beispiele für Premiummarken, die Testimonials einsetzen.

▶ **Testimonials in der Premiumkommunikation** Unter Testimonial-Werbung versteht man das Einbinden renommierter Persönlichkeiten in die Kommunikation einer Marke. Die prominenten Personen geben vor, das Produkt zu benutzen und damit überaus zufrieden zu sein. Entscheidend für einen positiven Imagetransfer im Premiumsegment sind dabei die Übereinstimmung des Produktimages mit den gegebenen oder auch vermeintlichen Persönlichkeitseigenschaften des Prominenten (Haase 1986).

> **George Clooney und Nespresso**
>
> Seit knapp zehn Jahren steht George Clooney als zentrales Werbegesicht für die Marke Nespresso vor der Kamera. Das Motto blieb seitdem: „What else". Um etwas Abwechslung ins Spiel zu bringen, assistieren ihm verschiedene Co-Darsteller. So ist in einem 30-sekündigen TV-Spot aus dem Jahr 2015 der Schauspieler im edlen Umfeld einer Villa am Comer See zu sehen, wie er sich einen Espresso der Marke zubereitet. Im letzten Moment allerdings kommt ihm der Komiker Jack Black dazwischen, stibitzt den Kaffee und wagt den Flirt mit Gastschauspielerin Nicole Whelan (Theobald 2015).

Um sichtbar zu sein, nutzen Premiummarken häufig die Chancen von **Multi-Kanal-Systemen.** Dieser Mix von verschiedenen Marketingkanälen setzt eine erfolgreiche integrierte Kommunikation voraus in Bezug auf Zeit, Stil und Inhalte. Als Credo gilt daher, „sich nicht zu widersprechen", sodass Corporate Design (einheitliches Design), Corporate

Behavior (einheitliches Verhalten) und Corporate Communication (einheitliche Kommunikation) aufeinander abgestimmt sind.

Ein solch **konsistenter Auftritt** kann dabei als ein klar strukturiertes, einheitliches Selbstverständnis einer Premiummarke gesehen werden. Es geht darum, dass die durch verbales und nonverbales Verhalten gesendeten Signale mit dem erarbeiteten Konzept der Marke deckungsgleich sind und so bei den verschiedenen Adressatenkreisen wie Öffentlichkeit, Kunden, Presse, Kapitalgeber, Lieferanten, potenzielle Arbeitnehmer etc. den Aufbau eines Images ermöglichen, das mit dem STAR übereinstimmt.

In den letzten Jahren haben bei der Kommunikation vor allem auch **Social Media** an Bedeutung gewonnen (u. a. Godeya et al. 2012). Sie bieten Premiummarken bei der Kommunikation viele Vorteile, weil sie helfen, insbesondere kleinere Marken mit nur geringen Budgets bekannt zu machen. Social Media helfen aber auch etablierten oder größeren Marken dabei, ihren Prestigewert zu signalisieren. Gerade eine hohe Anzahl an Fans signalisiert die Beliebtheit der Premiummarke. Diese ist von Wichtigkeit, da STARs ja ein Massenpublikum begeistern wollen.

Durch Viralmarketing können Inhalte schnell verbreitet werden. Dabei ist darauf zu achten, dass die Maßnahmen auch zur Marke passen. Nicht selten laufen Social-Media-Kampagnen in Kombination mit Aktionen am POS.

> **Nordstrom: Social-Media-Kampagnen in Abstimmung mit Aktionen am POS**
> Das US-amerikanische Kaufhaus Nordstrom testete im Jahr 2013, wie man Social-Media-Kommunikation verwenden kann, um das Erlebnis im stationären Handel zu verbessern. Nordstrom nutzte den Social-Media-Kanal Pinterest online und in seinen Läden, um den Kunden ein personalisiertes und passendes Einkaufserlebnis zu bieten. Dabei markierte das amerikanische Kaufhaus Produkte, die online von Kunden am häufigsten „gepinned" wurden und somit am populärsten bei den Kunden sind, mit einem haptischen „Pinterest"-Etikett im stationären Handel. Weiterhin fügte Nordstrom seiner Webseite einen „Pin-it"-Button hinzu, sodass Kunden ihre Lieblingsartikel sammeln und auch viral verbreiten konnten. Diese Multi-Kanal-Kommunikationsstrategie startete im März 2013 im Nordstrom Seattle Kaufhaus und ist seitdem auch in anderen Häusern vorzufinden. Und das Ergebnis steht für den Erfolg, denn mehr als 4,4 Mio. Kunden folgen Nordstrom mittlerweile auf Pinterest (Newmann 2015).

Damit die Marketingkommunikation insbesondere in den sozialen Medien erfolgreich verläuft, ist ein wirksames Controlling zu integrieren. Neben einer regelmäßigen Erhebung des Markenwertes (Baalbaki und Guzmán 2016) geht es vor allem um das Messen des Erfolgs anhand von sogenannten **Key Performance Indicators (KPIs)** (u. a. Esch und Eichenauer 2016):

- **Reichweite:** Hierunter kann die Zahl der Fans, Follower und Subscriber fallen, aber auch die Zahl der Views bei einem Video etc. (Newmann 2015; Kim und Ko 2010).

- **Interaktionsrate** (auch Engagement Rate) meint den Anteil an Fans, die sich direkt in den Social Media beteiligen (durch Kommentare, Replies etc.) oder zumindest mit Beiträgen interagieren (Liken, Favorisieren etc.).
- **Websitetraffic:** Viele Firmen ziehen Maßzahlen zum Traffic heran, der durch die Social Media auf der eigenen Homepage erzeugt wurde. Dazu gehören die Anzahl der Besuche, die Verweildauer und die Views.
- **SEO-Verbesserungen:** Social Signals werden für die Suchergebnisse von Google immer wichtiger. Entsprechend kann dies auch in die KPIs mit einfließen.
- **Sentiment:** Sentiment-Analysen versuchen, die Stimmungslage bezüglich eines Unternehmens, einer Marke oder eines Produkts in den Social Media zu erfassen. Dazu wird zum Beispiel die Wortwahl der User automatisch untersucht.
- **Konversionsrate** bestimmt das Verhältnis zwischen der Anzahl aller Besucher eines Social-Media-Auftritts und der Anzahl derjenigen, die dort die vom Unternehmen gewünschten Handlungen tätigen, wie Kauf, Newsletter-Anmeldung etc. (Algesheimer 2014).

Diese Schlüsselkennzahlen, aber auch Benchmarking sollen dabei helfen, den Erfolg in den Social Media sichtbar und das Marketing glaubwürdiger zu machen. Mithilfe von Performance-Metriken lassen sich auch die unterschiedlichsten Kanäle und Unternehmen miteinander vergleichen. Die Ergebnisse sind Indikatoren für den Fortschritt und die Erfolge der Social-Media-Aktivitäten und helfen dabei, zu erkennen, wie gut einzelne Maßnahmen funktionieren oder auch nicht. Woran es bei vielen Unternehmen allerdings in der Umsetzung noch hapert, ist, den Bezug von Social-Media-Metriken zum Unternehmenserfolg aufzuweisen (Haufe 2016).

5.2 DIVA „Preisen Sie Ihre Leistungen nicht an, sondern pflegen Sie Ihren Mythos und Ihre Kunst."

Sich nicht anzupreisen, sondern Mythos und Kunst zu pflegen – dahinter steht der zentrale Gedanke, dass eine luxuriöse Marke genau wie eine Hollywood-Diva ihre Bewunderer beherrschen muss. Dies stellt das Gegenteil der Kommunikation im Premiumsegment dar, das auf Gefälligkeit und Sichtbarkeit abzielt.

5.2.1 Geschichten, Gerüchte, Mythos, Kunst und Social-Media-Kommunikation

Bei einer Luxusmarke geht es immer um Verführung und Begehrlichkeit. Wie bei einer echten Diva liegt dabei der Schlüssel zum Erfolg in ihrer mythisch aufgeladenen Identität, wozu ihre gesamte Biografie zählt. Der Anfangsgeschichte und der ursprünglichen Vision kommt dabei eine besondere Bedeutung zu. Im Gegensatz zum Premiumsegment verläuft die Verführung im Luxussegment dabei eher subtil. Durch Betonung der Nähe zur Kunst oder sogar Kooperationen mit Künstlern wird das Sehnsuchtsland Luxus faszinierend inszeniert. So wie der Zugang zur Kunst vielen Menschen schwer fällt, so soll auch der Zugang zu Kreationen des Luxussegments keinesfalls zu einfach sein. Die **Kunst** ist hier das Leitbild des Luxussegments. Sie steht über den Dingen, lässt sich nie hundertprozentig erklären, und genau dieser Interpretationsspielraum unterstreicht das Mysteriöse. So wie ein großer Künstler immer etwas Geheimnisvolles und Faszinierendes an sich hat, so soll es auch im Luxussegment sein, mit den Gründern von Luxusmarken, ihren Visionen oder auch Designern. Denn dies hat einen entscheidenden Einfluss auf den Wert. Dieser Mythos schafft Begehrlichkeit und dies ist in Zeiten der Demokratisierung des Luxus notwendig (u. a. König 2014; Kapferer und Valette-Florence 2016).

Kunst wird immer als wertvoll und einzigartig angesehen. Dieses Image lässt sich auch auf eine Luxusmarke im Sinne einer DIVA übertragen. Gerade im Bereich von **limitierten Auflagen** existieren viele Kooperationen mit Künstlern, sei es im Modebereich (beispielsweise Louis Vuitton) oder aber auch im Fall von Schokolade (beispielsweise Sacher).

> **Beispiel Sachertorte – Kooperation mit Künstlern**
> Die Sacher The Artists' Collection wurde von der ehemaligen Hotelleiterin Elisabeth Gürtler 2009 ins Leben gerufen. Im Rahmen dieses wohltätigen Projekts gestalten bekannte österreichische Künstler das Sacher-Holzkistchen. Die Erlöse aus dem Verkauf der streng limitierten Kollektion kommen ausgewählten karitativen Projekten zugute (Sacher 2015).

Warum soll die DIVA ihre Kunden verführen und keine offensive Kommunikation betreiben wie der STAR? Luxuriöse Marken dienen häufig als eine Art Belohnung und ein Signal für Leistung. In diesem Zusammenhang beschreiben Kapferer und Bastien (2009, S. 66 f.), dass Luxus als eine Konsequenz der Meritokratie, also einem Verdienst durch Leistung, angesehen werden kann, denn heute kann man sich Luxus nicht mehr nur aufgrund von Abstammung, sondern aufgrund von Leistung gönnen. Damit luxuriöse Marken diese Funktion nicht verlieren, ist es wie bei einer Hollywood-Diva wichtig, den Konsumenten immer wieder zu verführen und den Wert herauszustellen.

Seit Jahren versuchen sich die Luxusmarken vor der sogenannten **„Demokratisierung des Luxus"** zu schützen. Der Verlust von Exklusivität durch einen immer erschwinglicher werdenden Luxus und die mangelnde Knappheit können dabei zu einer Schwächung etablierter Marken führen (Fionda-Douglas und Moore 2009, S. 359). Als Gegenmaßnahme ist ein starker Bezug zur eigenen Herkunft erfolgswirksam, da er die Identität unterstreicht. Dieser Bezug auf die regionale Herkunft wird in der Literatur auch „Country-of-Origin-Effekt" genannt und spielt bei vielen Marken im Luxussegment eine besondere Rolle (Kurtulus und Bozbay 2015, S. 407 ff.).

Die Bedeutung des **Country-of-Origin-Effekts** wird bereits seit langer Zeit von vielen Autoren in der Marketingliteratur betont (beispielsweise Leclerc et al. 1994;

Parameswaran und Pisharodi 1994). Der Herkunftslandeffekt bezieht sich auf das Ausmaß, in dem die Eigenschaften des Orts der Herstellung wie auch die Tradition des Landes Produkte und Marken beeinflussen (Gürhan-Canli und Maheswaran 2000, S. 309). In diesem Zusammenhang haben die jüngsten Studien gezeigt, dass das Ursprungsland bei der Entscheidungsfindung wichtig ist (Piron 2000, S. 308). Aber die Wirkung hängt von verschiedenen Faktoren ab (Godeya et al. 2012).

Besonders im Modebereich hat verschiedenen Studien zufolge das Herkunftsland einen erheblichen Einfluss auf die Wahrnehmung einer luxuriösen Modemarke. So konnten laut einer internationalen Studie aus dem Jahr 2008 75 % der befragten Probanden eine luxuriöse Modemarke ihrem historischen Herkunftsland zuordnen. Bei sieben der 15 abgefragten Marken waren es sogar über 90 % (Aiello et al. 2008).

Um den Mythos einer luxuriösen Marke mit der Faszination einer DIVA zu pflegen, müssen **Traum und Begehrlichkeit** erhalten bleiben. Jedoch schwächt die Realität den Traum und das Mysterium, denn jedes Mal, wenn sich ein „Mensch aus Fleisch und Blut" ein luxuriöses Produkt kauft, wird die Marke sichtbar und erreichbar. Dies ist sicherlich genau das Gegenteil vom klassischen Konsumentenmarketing, bei dem es vor allem um Sichtbarkeit und Erreichbarkeit der Marke geht (Kapferer und Bastien 2009, S. 68 ff.).

> **Zeitlosigkeit als Kampagnenthema von Patek Philippe**
> Die renommierte Uhrenmanufaktur Patek Philippe wirbt seit jeher erfolgreich mit Zeitlosigkeit und Tradition. Dabei ist Patek Philippe schon seit über 15 Jahren dem Slogan „Beginnen Sie Ihre eigene Tradition" treu geblieben. In einer jüngeren Kampagne geht es wieder um das „Generationen"-Thema, indem das starke emotionale Band zwischen Vater und Sohn illustriert wird. Dieses Kampagnensujet wird durch ein Statement unterstrichen, das die Zeitlosigkeit und Exklusivität der Marke unterstreichen soll: „Eine Patek Philippe gehört einem nie ganz allein. Man erfreut sich ein Leben lang an ihr, aber eigentlich bewahrt man sie schon für die nächste Generation" (Patek Philippe 2015).

Neben dem klassischen Marketing in Print und TV besteht ein weiteres wirksames Instrument im Zuspielen wahrer Geschichten oder auch nur **Gerüchten** an die Presse, zum Beispiel, wenn es um die Nachfolge eines Chefdesigners oder um eine Kollektion geht. Diese **Geschichten** machen die Marke spannend und fördern ihren Mythos. Auch Product Placement (beispielsweise Zeigen der Marke in Hollywood-Filmen wie „Sex and the City") und Events (beispielsweise exklusive Shop-Eröffnungen, Privatvorführungen, Modenschauen, medienwirksame Kooperationen mit Künstlern) sorgen dafür, dass die Marke im Gespräch bleibt, vorausgesetzt die Presse berichtet darüber.

Diese Führung durch Verführung muss in der Kommunikation zum Ausdruck gebracht werden. Unabhängig davon, welches Medium oder welches Instrument gewählt wird: Der Markenmythos sollte immer im Vordergrund stehen; die DIVA muss gelebt werden! Erfolgreiche luxuriöse Modemarken inszenieren ihren kulturellen Ursprung oft mit ihren einzigartigen und mythisch aufgeladenen Gründungsgeschichten. In diesem Zusammenhang schreibt der renommierte französische Luxusmarkenforscher Kapferer: **„More than anything else, the luxury brand is an epic tale carried by its stories"** (Kapferer und Bastien 2009, S. 122). Der ursprüngliche Schöpfer spielt hierbei häufig eine Schlüsselrolle. Dabei fällt insbesondere bei den großen internationalen luxuriösen Modemarken auf, dass sie oft die Namen ihrer Schöpfer als Markennamen tragen und ihre Markenidentitäten auch entscheidend durch diese geprägt sind.

> **Mythos Sir Simon Rattle – Chefdirigent der Berliner Philharmoniker**
> Jede echte Luxusmarke lebt auch von der Aura ihrer Markenbotschafter. So ist es beispielsweise auch bei den Berliner Philharmonikern. Die Kunst und das Auftreten des Chefdirigenten Sir Simon Rattle haben einen Einfluss auf die Wahrnehmung der Marke. Sein hoher Anspruch an das Orchester kann beispielsweise durch dieses Zitat belegt werden: „Dieses Orchester denkt und handelt sehr schnell, jeder einzelne Musiker. Sie stehen nie still. Vielleicht liegt es daran, dass diese Stadt Berlin ähnlich funktioniert. Bei den Berliner Philharmonikern ist garantiert, dass die Musiker alles geben, immer. Sie kommen als Kammermusiker auf die Bühne. Und sie fragen nicht nach dem Wie, sondern: Warum? Deshalb liebe ich die Zusammenarbeit mit ihnen" (Berliner Philharmoniker 2016).

Dass man sich als luxuriöse Marke nicht anpreisen darf, bezieht sich vor allem auf das Management der Medien. Auch dies ist wieder gegensätzlich zum klassischen Marketing, denn hier geht es vor allem um Effizienz und Werbung. Es kommt vor allem darauf an, die Zielgruppe optimal zu erreichen und möglichst keine Streuverluste zu erzielen. Bei luxuriösen Marken sieht die Logik anders aus. Hier unterscheidet man zwischen zwei Kundengruppen. Die erste Kundengruppe ist die, die auch wirklich das Produkt kauft, und die andere Kundengruppe ist eine Gruppe, die das Produkt kennen sollte und die erste Kundengruppe für den Erwerb des Produkts bewundert. **Es sollten immer viel mehr Menschen das Produkt oder die Marke kennen als diejenigen, die es tatsächlich kaufen.** Erst dann hat die Marke ihren symbolischen Nutzen über Prestige erreicht (Kapferer und Bastien 2009). In der Kommunikation ist dabei einerseits auf die Magie von Bildern und Videos zu setzen, andererseits auf die Sprache und Ausdrucksweise. Dies soll das Sehnsuchtsland symbolisieren.

> **Kommunikation am Beispiel der Marke Porsche**
> Eine Kampagne von Porsche aus dem Jahr 2015 warb mit folgenden Worten:
> Echte Gefühle erkennt man daran, dass man ihnen nicht widerstehen kann. Die neue Boxster Black Edition (Porsche 2015).

Besonders im Bereich von Social Media ist auf den passenden Auftritt einer DIVA zu achten. Web 2.0 wird zwar von Experten als das „Mitmach-Web" bezeichnet, aber „mitmachen" bitte immer mit der Art einer DIVA! Generische Marken des unteren bis mittleren Preissegments werben in den sozialen Medien eher mit typischen Verbrauchern, um zu signalisieren: „Das könntest auch Du sein!" Es handelt sich um eine Bestätigung des tatsächlichen Selbstbilds bzw. Selbstkonzepts des potenziellen Kunden. Luxuriöse Marken des oberen Preissegments werben eher mit unerreichbaren Menschen und signalisieren: **„Vielleicht wirst Du ein bisschen wie sie."** Sie bestätigen damit das ideale Selbstbild bzw. Selbstkonzept (vgl. Sirgy 1982). Obwohl die luxuriösen Marken zu Beginn der Internetentwicklung noch etwas skeptisch waren, haben sie nun doch fast alle einen professionellen Internetauftritt. Sie nutzen die neuen Medien, um ihre Marken zu inszenieren und die Beziehungen zu ihren Kunden zu intensivieren. Das Internet bietet ihnen dabei eine einzigartige Gelegenheit, einen riesigen Markt zu erreichen.

Das Prinzip Social Media basiert bei einer DIVA auf einer multiplen Kommunikationsvernetzung zwischen der Marke und ihren verschiedenen Zielgruppen. Selbstbild und Fremdbild der luxuriösen Marke stehen durch die vielfältigen Verknüpfungen der Kommunikation in einem permanenten Austausch, der auf beiden Seiten zu leichten Veränderungen führen kann. Während die Identität einer luxuriösen Marke auch in den Social Media gezielt gesteuert werden kann, formt sich das Markenfremdbild durch die multiplen Kommunikationsverknüpfungen und kann mehrere Varianten haben.

Social Media werden bei der Kommunikation von Luxusmarken immer wichtiger und so werden sie auch häufig genutzt, um **Chefdesigner** oder andere **Markenbotschafter** zu präsentieren. Sie prägen damit die Luxusmarke, denn im Social-Media-Bereich ist die Durchschlagskraft und Wirkungskraft viel größer. Gleichzeitig gibt es hier ein höheres Risiko. In der Kaufentscheidung bei Luxusmarken spielen die Geschichte, das Image und die Storyline des Unternehmens eine wichtige Rolle. In diesem neuen Kommunikationsvorgang spielt ein Markenbotschafter eine wichtige Rolle.

Markenbotschafter, wie ein Chefdesigner oder ein CEO, sind heute ganz anders gefordert als in den letzten 100 Jahren, in denen es eine lang eingeübte Form der Kommunikation und Interaktion mit der Öffentlichkeit gab. Grundsätzlich gilt, dass das Social-Media-Auftreten zur Markenidentität und auch zur Persönlichkeit der Markenbotschafter passen muss. Ein introvertierter Mensch sollte von seinen Beratern nicht zum ständigen Posten gedrängt werden – das wäre nicht stimmig mit seiner Persönlichkeit und nicht glaubwürdig für die Marke, insbesondere im luxuriösen Segment (u. a. Janotta 2016).

5.2.2 Diskretion, Selbstverständnis und Führungsanspruch

Diskretion, Selbstverständnis und Führungsanspruch sind wichtige Eckpfeiler der Luxusmarkenkommunikation, denn sie signalisieren die Stärke der DIVA! Zurückhaltung ist ein Trend im Luxussegment (Wilson et al. 2015). So besinnen sich beispielsweise private Bankhäuser häufig in ihrer Kommunikation auf ihre traditionellen Werte. Nicht selten steht dabei der Aspekt der „Unabhängigkeit" im Zentrum, um ihre freie Position und ihr Selbstbewusstsein zum Ausdruck zu bringen. Unabhängigkeit garantiert ihren Klienten

Diskretion und ist ein Beleg für ihre starke Position am Markt, die es ihnen erlaubt, ohne starken Partner zu agieren.

> **Bankhaus Metzler – Diskretion und Unabhängigkeitsstreben aus Tradition**
>
> „Unabhängig seit 1674", so lautet der Slogan des Bankhauses Metzler, dessen Geschichte die erfolgreiche Position im Banksektor untermauert. Dabei geht die Historie des Bankhauses Metzler auf eine Tuchhandlung zurück, die Benjamin Metzler, ein Pfarrerssohn aus dem sächsischen Vogtland, im Jahre 1674 gründete. Benjamin Metzler ging 1663 im Alter von dreizehn Jahren nach Nürnberg, wo er eine Ausbildung in einem Handelshaus absolvierte. Später siedelte er nach Frankfurt um, arbeitete zunächst drei Jahre als Buchhalter in der Tuchhandlung von Sebastian Schweitzer und legte später den Grundstein für die Gründung des eigenen Bankhauses. Die Unabhängigkeit des Bankhauses spielt bis heute eine besondere Rolle, signalisiert Vertrauenswürdigkeit und unterstreicht den Führungsanspruch in seinem Segment. Das Bankhaus Metzler ist damit nicht von fremden Gesellschaftern, von Institutionen oder Interessen abhängig, weder wirtschaftlich oder rechtlich in seinem Denken und Handeln. Damit wahrt es das Kundeninteresse uneingeschränkt und fühlt sich der höchsten Objektivität in der Beratung verpflichtet (Metzler 2016).

Ein weiteres erfolgreiches Beispiel für Diskretion, Selbstverständnis und Führungsanspruch im Luxussegment ist die Marke **Hermès.** So kam in einem Interview, das ich am 7.6.2013 mit Marcus Stadelmann, dem Marketingleiter von Hermès La Montre, für mein Buch „Wie werde ich eine DIVA?" (König 2014) geführt habe, das natürliche Selbstverständnis des Hauses zum Ausdruck: „Luxus ist für das Haus Hermès das, was man reparieren kann!". Es geht hierbei zum einen um langfristige Werte und zum anderen darum, dass Alter und Verschleiß einem Produkt aus dem Hause Hermès nichts anhaben können.

Wie bei vielen DIVA-Marken ist die Geschichte des Hauses Hermès ein Vorteil, denn Modehäuser mit einer langen Tradition und Geschichte haben in den Augen der Kunden eine Art **natürliche Legitimation.** Es geht dem Modehaus aber auch um eine Art vorwärts gerichtete Kreativität, gepaart mit traditioneller Handwerkskunst. Um diesem hohen Anspruch gerecht zu werden, betont Hermès, dass beispielsweise für eine Tasche immer nur ein Handwerker über den gesamten Herstellprozess zuständig ist. Dies drückt Exklusivität aus und ein Selbstverständnis, das im Respekt vor dem Produkt, aber auch vor dem Menschen, der die Tasche fertigt, begründet ist (König 2014). Diese Aussagen von Marcus Stadelmann reflektieren die Codes der Kommunikation im Luxussegment. Es geht um Diskretion, aber auch um ein klares Selbstverständnis und um einen Führungsanspruch.

Auch bei der Kommunikation von Hermès steht immer das Produkt im Zentrum und nicht ein bekanntes Model oder ein Filmstar. Dabei betont Hermès, dass die berühmtesten Taschen „Kelly Bag" und „Birkin Bag" zwar nach Personen benannt wurden, aber eine Ausnahme darstellen. In der Kommunikation von Hermès geht es nämlich nach Stadelmann nur um die **Ästhetik** des Produkts. Dabei ist die Kommunikation aber durch ein „avec un clin d'oeil" (Augenzwinkern), also durch einen besonderen Humor, gekennzeichnet.

Diesen Humor kann sich nicht jeder in der Branche leisten. Hermès will kein Mainstream sein, aber auch nicht verkrampft anders. Sie präsentieren auch nicht wie andere Luxusmarken einen perfekt elektronischen Produktkatalog, sondern die Webseite ist verspielt und einfach anders als die Masse (König 2014).

Bei einer Luxusmarke spielt der Markenname eine besondere Rolle. Ein exzellenter Markenname repräsentiert die DIVA ohne aufwendige Werbung und führt den Konsumenten mit einem natürlichen Selbstverständnis durch Verführung. Bei vielen bekannten Marken entspricht der Markenname auch dem **Namen des Gründers** (beispielsweise Porsche) und spiegelt damit Gründungsmythos und Konstanz wider. Dieses Vorgehen ist erprobt und sicherlich empfehlenswert, weil man dadurch direkt einen Bezug zur Identität der Marke herstellt.

Bei jüngeren deutschen Marken kann allerdings beobachtet werden, dass sie sich oftmals einen anderen Namen zulegen, der ihre Marke repräsentieren soll. Aber auch hier ist es wieder wichtig, dass der Name die Identität widerspiegelt und die für die DIVA spezifischen Assoziationen hervorruft. Daneben sollte ein Markenname selbstverständlich einzigartig sein und es darf zu keinen Verwechslungen mit Mitbewerbern kommen. Außerdem sollte er prägnant und gut zu erinnern sein.

> **Entwicklung eines Markennamens im Luxussegment: Achtland**
> Für die Entwicklung eines guten Markennamens gibt es vielerlei Inspirationsquellen. Zunächst sollten natürlich die zuvor festgelegten Eigenschaften der DIVA inspirieren. Auch die Identität mit ihren sechs Komponenten (Herkunft, Vision, Kompetenzen, Werte, Persönlichkeit und Leistungen) sollte als Inspirationsquelle genutzt werden, damit der Markenname authentisch ist. Darüber hinaus kann man sich durch weitere Bereiche inspirieren lassen, etwa von Kunst, Literatur, Theater und Musik, sofern ein Bezug zur Identität vorhanden ist. Auch Mythologie, Astronomie, Geografie oder Geschichte bergen einen wahren Schatz für gute Markennamen. Der Name der Modemarke Achtland stammt beispielsweise aus der irisch-keltischen Mythologie: Die schöne Königin Achtland wies alle Männer zurück, bis ein Gott um ihre Hand anhielt und sie durch die Heirat unsterblich wurde (Nieberding 2014). Dies spiegelt sich in den anmutigen Formen und Farben der Mode wider.

▶ Fazit STAR: „Bewerben Sie Ihre Ware signalstark."
       DIVA: „**Preisen Sie Ihre Leistungen nicht an, sondern pflegen Sie Ihren Mythos und Ihre Kunst.**"

5.3 Exkurs: Land Rover – Pflege eines britischen Mythos

Trotz mehrfachem Verkauf der Eigentumsrechte kann die Marke Land Rover als ein Positivbeispiel für eine konsistente Markenführung im obersten Preissegment angesehen werden. Denn Land Rover ist sich im Kern seiner Identität immer treu geblieben

5.3 Exkurs: Land Rover – Pflege eines britischen Mythos

Abb. 5.2 90. Geburtstag der Queen – Teil 1. (Quelle: Jaguar Land Rover Deutschland GmbH 2016)

und hat seinen britischen Mythos kontinuierlich gepflegt. Dabei hat dieser Country-of-Origin-Effekt maßgeblich das Markenimage von Land Rover geprägt und eine erfolgreiche Differenzierung zu Konkurrenzanbietern unterstützt. Das „British Heritage" und die Tatsache, dass Land Rover ein Hoflieferant des britischen Königshauses ist, bietet der Marke eine natürliche Legitimation für Angebote im Luxussegment. Neben Herkunftsassoziationen symbolisiert die Marke Land Rover durch das stetige Konzept „Geländewagen" Attribute wie Freiheit, Abenteuer und Stärke. Dabei kann die erfolgreiche Modellreihe „Range Rover" als Urvater der modernen europäischen Luxus-SUVs bezeichnet werden (Heyne 2015). Die ikonische Baureihe „Defender" unterstreicht noch zusätzlich den Mythos der Marke.

Als ein Beispiel der gezielten Pflege des britischen Mythos kann die Teilnahme an den Feierlichkeiten zum 90. Geburtstag von Königin Elisabeth II. im Jahr 2016 auf Schloss Windsor genannt werden (vgl. Abb. 5.2). An diesem medienwirksamen Mega-Event haben nicht nur Mitglieder der königlichen Familie teilgenommen, sondern Millionen von TV-Zuschauern rund um die Welt verfolgten das Spektakel. Ehrengäste wie Kylie Minogue, Shirley Bassey oder Gary Barlow rundeten den Glamour-Faktor des Ereignisses ab. Die Marke Land Rover spielte dabei als „Hoflieferant" eine besondere Rolle. So wurde beispielsweise die majestätische Festtagstorte von einem Land Rover Discovery in die Arena gezogen und zum Ende der großen Geburtstagsparty zog sich die Queen an Bord ihres königlichen Paradefahrzeugs – ein Range Rover mit verlängertem Radstand, Diesel-Hybridantrieb und offenem Heckabteil – in die Privatgemächer zurück (Jaguar Land Rover Deutschland GmbH 2016).

Abb. 5.3 90. Geburtstag der Queen – Teil 2. (Quelle: Jaguar Land Rover Deutschland GmbH 2016)

Die Marke Land Rover verbindet eine lange Beziehung zum Buckingham Palast, die auf das Jahr 1948 zurückgeht. Damals erhielt der Vater der heutigen Königin, König Georg VI., den hundertsten Land Rover überreicht. 1951 ernannte er mit der Verleihung des ersten „Royal Warrant" das Unternehmen zum Hoflieferanten.

Insbesondere die Queen als oberste Vertreterin des Königshauses blieb Land Rover immer treu. So begab sie sich beispielsweise im November 1953 zusammen mit dem Herzog von Edinburgh auf eine sechs Monate lange und 70.000 km lange Reise durch das British Commonwealth. Mit auf der großen Tour war das erste von Land Rover gebaute Paradefahrzeug – ein speziell für Staatsempfänge und Paraden angefertigter Land Rover Serie 1 (Jaguar Land Rover Deutschland GmbH 2016; vgl. Abb. 5.3).

> **Zusammenfassung**
> Die wichtigsten Gebote der Luxus- und Premiummarkenstrategie habe ich Ihnen hier noch einmal in Form von Aussagen des STARs und der DIVA zusammengefasst aufgeführt.
>
> **Produktmanagement**
> STAR: „Schaffen Sie ein gefälliges Qualitätsprodukt mit prominentem Logo."
> DIVA: „Kreieren Sie ein außergewöhnliches in Handarbeit gefertigtes Produkt, das eine eigene und wiedererkennbare Handschrift hat."
>
> **Preismanagement**
> STAR: „Richten Sie sich beim Preis nach der Zahlungsbereitschaft Ihrer Fans."
> DIVA: „Der Wert spiegelt sich im Preis wider und dieser muss kontinuierlich sehr hoch sein."

Vertrieb und Verkaufsförderung
STAR: „Wählen Sie nur Premiumvertriebspartner, aber seien Sie verfügbar."
DIVA: „Machen Sie sich rar und lassen sich Zeit, aber verführen Sie."

Kommunikation (Werbung, PR, Social Media etc.)
STAR: „Bewerben Sie Ihre Ware signalstark."
DIVA: „Preisen Sie Ihre Leistungen nicht an, sondern pflegen Sie Ihren Mythos und Ihre Kunst."

Frage zum Nachdenken

„Sind Sie ein STAR oder eine DIVA?" ist sicherlich eine sehr persönliche Frage, die schwierig zu beantworten ist. Natürlich weicht die persönliche Einschätzung häufig auch von der Einschätzung anderer ab. Daneben gibt es bestimmt auch situative Einflussfaktoren, die das Bild beeinflussen – mit anderen Worten fühlt und verhält man sich in manchen Situation wie ein STAR und in anderen Situationen wie eine DIVA. Eine große Herausforderung dürfte aber auch in der Ehrlichkeit liegen, die für die Beantwortung dieser Frage notwendig ist. So könnte man ja für sich behaupten, eine DIVA zu sein, obwohl man ein STAR ist.

Literatur

Aiello, G., Donvito, R., Godey, B., Pederzoli, D., Wiedmann, K.-P., Hennigs, N., & Siebels, A. (2008). Luxury brand and country of origin effect: Results of an international empirical study. http://www.escp-eap.net/conferences/marketing/2008_cp/Materiali/Paper/Fr/Aiello_Donvito_Godey_Pederzoli_Wiedmann_Hennigs_Siebels.pdf. Zugegriffen: 15. Aug. 2016.

Algesheimer, R. (2014). Challenges and Opportunities of Social Business Solutions. https://www.haufe.de/marketing-vertrieb/online-marketing/erfolgsmessung-das-sind-die-6-wichtigsten-social-media-kpis_132_275184.html. Zugegriffen: 1. Apr. 2016.

Baalbaki, S., & Guzmán, F. (2016). A Consumer-perceived consumer-based brand equity scale (May 2016). *Journal of Brand Management, 23*(3), 229–251.

Berliner Philharmoniker. (2016). Sir Simon Rattle. Chefdirigent der Berliner Philharmoniker. http://www.berliner-philharmoniker.de/sir-simon-rattle/. Zugegriffen: 13. June 2016.

Bredenkamp, J., & Wippich, W. (1977). *Lern- und Gedächtnispsychologie* (Bd. 1). Stuttgart: Kohlhammer.

Capital (2015). Von Poll ist Deutschlands Top-Makler. http://www.capital.de/dasmagazin/von-poll-ist-deutschlands-top-makler.html. Zugegriffen: 13. June 2016.

Dalmoro, M., Diego, C. P., Borges, A., & Nique, W. (2016). Global brands in emerging markets: The cultural antecedents of global brand preference. *Journal of Brand Management, 22*, 721–736.

Esch, F.-R., & Eichenauer, S. (2016). Verfahren zur messung der kommunikationswirkung im internet und bei social media. In F. R. Esch, T. Langner, & M. Bruhn (Hrsg.), *Handbuch controlling der kommunikation: Grundlagen – innovative ansätze – praktische umsetzungen* (S. 385–405). Wiesbaden: Springer Gabler.

Fionda-Douglas, A., & Moore, C. (2009). The anatomy of the luxury fashion brand. *Journal of Brand Management, 16*(5–6), 347–363.

Godeya, B., Pederzolia, D., Aiellob, G., Donvitoc, R., Chand, P., Ohe, H., et al. (2012). Brand and country-of-origin effect on consumers' decision to purchase luxury products. *Journal of Business Research, 65*(10), 1461–1470.

Gürhan-Canli, Z., & Maheswaran, D. (2000). Cultural variations in country of origin effects. *Journal of Marketing Research, 37*(3), 309–317.

Haase, H. (1986). Testimonial-Werbung. In H. Haase & K. F. Koeppler (Hrsg.), *Fortschritte der Marktpsychologie: Bd 4. Werbung und Kommunikation* (S. 125–141). Bonn: Dtsch. Psychologen Verlag.

Haufe (2016). Social Media: Wo 2016 die Prioritäten liegen sollten, 12.02.2016. https://www.haufe.de/marketing-vertrieb/online-marketing/social-media-wo-2016-die-prioritaeten-liegen-sollten_132_339062.html. Zugegriffen: 3. März 2016.

Heyne, D. (2015). Englishmen in New York. *Auto, motor, sport, 30,* S. 103–108.

Jaguar Land Rover Deutschland GmbH. (2016). Jaguar Land Rover beim großen Fest zum 90. Geburtstag der Queen. http://newsroom.jaguarlandrover.com/de-de/jlr-corp/neuigkeiten/2016/05/hmqueen90/?utm_source=Site%20News%20RSS%20feed&utm_medium=RSS&utm_campaign=RSS%20News%20Syndication&utm_content=Jaguar%20Land%20Rover%20beim%20gro%C3%9Fen%20Fest%20zum%2090.%20Geburtstag%20der%20Queen. Zugegriffen: 15. June 2016.

Janotta (2016). Eigenmarketing im Netz: Was CEOs wissen müssen, Interview mit Michael Meier von Zehnder, 8.3.2016. http://www.wuv.de/digital/eigenmarketing_im_netz_was_ceos_wissen_muessen. Zugegriffen: 3. März 2016.

Kapferer, J., & Bastien, V. (2009). *The luxury strategy. Breaking the rules of marketing to build luxury brands*. London: KoganPage.

Kapferer, J. N., & Valette-Florence, P. (2016). Beyond rarity: The paths of luxury desire. How luxury brands grow yet remain desirable. *Journal of Product & Brand Management, 25*(2), 120–133.

Kim, A., & Ko, E. (2010). Impacts of luxury fashion brand's social media marketing on customer relationship and purchase intention. *Journal of Global Fashion Marketing: Bridging Fashion and Marketing, 1*(3), 2010.

König, V. (2014). *Wie werde ich eine DIVA? Marketing für junge Modedesigner.* Wiesbaden: Springer Gabler.

Kurtulus, K., & Bozbay, Z. (2015). Exploring country of manufacture effect on strong and weak brands, marketing in transition: Scarcity, globalism, & sustainability developments in marketing science. *Proceedings of the Academy of Marketing Science*, 407–411.

Leclerc, F., Schmitt, B., & Dube, L. (1994). Foreign branding and its effects on product perceptions and attitudes. *Journal of Marketing Research, 31,* 263–270.

Metzler (2016). Unabhängig seit 1674. Die Geschichte des Bankhauses Metzler. https://www.metzler.com/metzler/servlet/segment/startSite/Wir_ueber_uns/Bankhaus/Geschichte/. Zugegriffen: 15. June 2016.

Newmann, M. (2015). Social Media im Rahmen einer Multichannel Strategie. E Commere News Magazin, e-Commerce Highlights, 11. Mai 2015. https://ecommerce-news-magazin.de/e-commerce-news/e-commerce-exklusiv/social-media-im-rahmen-einer-multichannel-strategie/. Zugegriffen: 3. März 2016.

Nieberding, M. (2014). http://www.zeit.de/zeit-magazin/mode-design/2014-09/fashion-week-achtland-london-berlin. Zugegriffen: 24. Nov. 2015.

Parameswaran, R., & Pisharodi, R. M. (1994). Fassets of country of origin image: An empirical assessment. *Journal of Advertising, 23*(1), 43–56.

Patek Philippe (2015). Patek Philippe präsentiert einen Werbefilm im Rahmen ihrer berühmten „Generationen"-Kampagne. http://www.patek.com/de/kommunikation/neuigkeiten/produktwerbung. Zugegriffen: 24. Nov. 2015.

Piron, F. (2000). Consumers' perception of the country-of-origin effect on purchasing intentions of (in)conspicuous products. *Journal of Consumer Marketing, 17*(4), 308–321.

Porsche. (2015). Kampagne – Echte Gefühle erkennt man daran, dass man ihnen nicht widerstehen kann.

Roomers. (2016). Welcome to the legendary Roomers. http://www.roomers-frankfurt.com/. Zugegriffen: 1. Apr. 2016.

Sacher. (2015). Kunst und Charity. http://www.sacher.com/ein-echtes-stueck-wien/kunst-und-charity/. Zugegriffen: 23. Nov. 2015.

Sirgy, M. (1982). Self-concept in consumer behaviour. *Journal of Consumer Research, 9,* 287–300.

Theobald, T. (2015). Komiker Jack Black nimmt es mit George Clooney auf. http://www.horizont.net/marketing/nachrichten/Nespresso-Komiker-Jack-Black-nimmt-es-mit-George-Clooney-auf-137142. Zugegriffen: 24. Nov. 2015.

Wilson, J., Eckhardt, G., & Belk, R. (2015). Luxury branding below the radar. *Harvard Business Review,* 26–27, Sep. 2015.

6 Als Schlusswort ein Interview mit Dr. Karl Stephan Demmrich zur aktuellen Entwicklung der High-Class Architektur- und Designbranche

Zur Person: Der promovierte Kunsthistoriker Dr. Karl Stephan Demmrich (Abb. 6.1) ist Chefredakteur der Zeitschrift Wohn!Design. Zuvor war er mehrere Jahre als Kunstsachverständiger bei Auktionshäusern, Kunstexperte bei TV-Produktionen und als Redakteur beim Condé Nast Verlag tätig.

König: Die Zeitschrift Wohn!Design positioniert sich im gehobenen Segment der Architektur- und Designzeitschriften und richtet sich an einen ästhetisch-anspruchsvollen, gebildeten Leser. Welche aktuellen Designthemen sprechen diese Zielgruppe derzeit am meisten an?

Demmrich: Laut aktueller Umfrage sind es immer noch Einrichtungsreportagen und Neuheiten von den Messen aus Mailand und Paris. Dabei ist es jedoch viel wichtiger als früher, dass die vorgestellten Häuser samt ihrer Bewohner sowie die präsentierten Produkte authentisch wirken: Weg vom perfekten Chic hin zu Wohnungen mit Patina und Lebensspuren und zu Produkten, die in Würde altern dürfen.

König: Was genau interessiert einen ästhetisch-anspruchsvollen Leser daran?

Demmrich: Wir stellen seit einigen Jahren fest, dass sich immer mehr Leser für die Hintergründe interessieren. Das heißt: Wie lässt sich die Persönlichkeit eines Menschen in seinem Wohnumfeld wiederfinden? Was hat ein Objekt für eine Message? Wie ist die Philosophie einer Firma oder eines Gestalters? Wo und vor allem unter welchen Bedingungen wird produziert? Dabei geht es stärker als früher um Themen wie Ethik, Umweltschutz und Ressourcen, doch genauso auch um produktimmanente Qualität. Durch diese Tendenzen hat Handwerk in den letzten Jahren eine Renaissance erfahren. Immer mehr Kreative lassen kleine Kollektionen bei Manufakturen und Workshops fertigen. Das gefällt den Käufern andererseits viel besser als ein Produkt von der Stange. Das geht sogar bis zur Personalisierung von Produkten. Ein Gebrauchsobjekt, das nicht jeder hat, bietet eine Differenzierungsmöglichkeit und ist ein Mittel, um Individualität auszudrücken. Dementsprechend bekommen wir als Redaktion wesentlich mehr Resonanz auf

Abb. 6.1 Dr. Karl Stephan Demmrich ist Chefredakteur der Zeitschrift Wohn!Design

Entdeckungen in der jungen Designszene und auf wirkliche Geheimtipps und weniger auf die Veröffentlichungen etablierter Marken.

König: Woher kommt die Sehnsucht nach Manufaktur und dem Individuellen?

Demmrich: Ich erkläre mir diese Sehnsucht nach dem vermeintlich Individuellen auch als Reaktion auf eine wachsende Globalisierung. Produkte von Luxusmarken – egal ob Mode oder Einrichtung – sehen inzwischen in Tokio genauso aus wie in Paris, New York oder in London. Das ist eintönig.

König: Neben dem Manufakturgedanken versuchen ja immer mehr Unternehmen des oberen Preissegments auch immer mehr die analoge Welt mit einer digitalen Welt zu verknüpfen. Wo sehen Sie hier Anknüpfungspunkte in der High-Class Architektur- und Designbranche?

Demmrich: Ein guter Internet-Auftritt ist essenziell. Doch von der Idee, Luxuskonsum im Internet stattfinden zu lassen, halte ich persönlich nicht viel. Allerdings zeigt Amerika, dass es möglich ist. Natürlich muss eine Website über das Produktportfolio und das Unternehmen an sich informieren, doch ab einem gewissen Preisniveau erwarten Konsumenten doch ein Kauferlebnis, und das findet eher im stationären Handel statt. Daran müssen viele Geschäfte in Deutschland noch arbeiten. Wer in New York, Paris oder Mailand shoppen geht, bekommt eine Vorstellung davon, wie das Thema „Luxus" zelebriert werden kann. Eine gut gemachte Homepage kann ein Markenimage unterstreichen. Hier gibt es eine Entwicklung vom Bild zum Filme: Reportagen über die Produktion, prominente Kunden, die Gründer einer Marke etc. dazu Interviews mit Kreativen und Machern. Wie das aussehen kann, zeigt Hermès.

König: Bleiben wir mal beim Begriff „Luxus" bzw. „Luxusmarke". Bei vielen Menschen im Kreativbereich stößt dieser auf Ablehnung, obwohl sie ja selbst in dieser Branche arbeiten. Viele sprechen deshalb lieber von Langlebigkeit, Exzellenz und Werten. Woher kommt Ihrer Meinung nach diese negative Haltung gegenüber dem Wort „Luxus" bzw. „Luxusmarke"?

Demmrich: Ja, das böse L-Wort. Einen Grund habe ich bereits angesprochen: die Omnipräsenz. Fragt man heute Konsumenten, was Sie als Luxus betrachten, dann antworten die meisten „Zeit" und je nach Stadt möglicherweise auch „Raum". Doch das erklärt nicht die wachsende Ablehnung gegenüber Luxuslabels in Europa – und vor allem nicht die der Deutschen, die besonders ausgeprägt ist. Wir sind Vorreiter für eine Entwicklung, für die es verschiedene Erklärungen gibt. Zum einen haben sich in der Luxus-Modebranche die Preise in den letzten Jahren vervielfacht. Sind die Erzeugnisse qualitativ besser geworden oder kostbarer?

König: Sind die Produkte etwa nicht besser geworden?

Demmrich: Sicher nicht. Die Preispolitik vieler Konzerne ist für uns als Konsumenten nicht nachvollziehbar, zumal überall Outlets aufpoppen, in denen man seine „Objekte der Begierde" für einen Schnäppchenpreis erwerben kann. Das ist ein Grund für die Ablehnung des Themas. Handtaschen für fünfstellige Beträge? Ganz ehrlich: Gäbe es keine Russen und vor allem keine Asiaten, wäre der Luxusmarkt längst zusammengebrochen. Wer genau beobachtet, der sieht, dass Modelabels von Louis Vuitton bis Prada – doch genauso Luxusmarken im Einrichtungsbereich etwa Minotti – ihre Kollektionen mit einem Blick auf den Geschmack in Nah- und Fernost konzipieren. Also dort, wo eine unheimlich kaufkräftige und -willige Schicht entstanden ist. Immer mehr Käufer hierzulande finden sich in diesen Welten nicht wieder.

König: Was genau hat sich denn Ihrer Meinung nach bei Konsumenten geändert?

Demmrich: Es gibt es neue Konsumentengeneration, die mit klassischen Statussymbolen – sei es mit kostspieligen Fahrzeugen oder Luxus-Outfits nichts mehr am Hut hat. Ihren Konsum beeinflussen Trends wie das Thema „Vintage" – also Dinge mit einem Vorleben – und der Wunsch nach einer Work-Life-Balance, die automatisch zu einem anderen Kaufverhalten führt. Genauso wie das Thema Mobilität: „Brauche ich das wirklich" – lautet eine zentrale Frage. Urbane Nomaden benötigen leichtes Gepäck. Die zunehmende Virtualisierung wird ein Übriges tun. Irgendwann werden sich Menschen in Chatrooms treffen, für die man dann viel günstiger ein passendes Outfit zusammenstellen und kaufen kann. Wie dem auch sei: Luxus wird es trotzdem immer geben. Aber für kommende Generationen werden besagte Objekte eher wieder so elitär werden wie sie es bis in die Mitte des 19. Jahrhunderts waren. Also für ein paar Happy Few.

König: Was bedeutet das denn Ihrer Meinung nach für die Markenführung. Mit welchem Versprechen erreichen High-Class Architektur- und Designmarken heutzutage am ehesten ihre Zielgruppen?

Demmrich: Vielleicht wäre es besser, keine Versprechungen zu machen, sondern einfach nachvollziehbar zu handeln. Transparenz wäre eine gute Sache. Eines scheint mir generell wichtig: Begehrlichkeit erreicht man nicht durch Omnipräsenz. Und wer heute anfängt, der sollte sich darüber klar sein, dass es zukünftig nicht um ein „Höher-Schneller-Weiter" geht. Das war gestern und ist in keiner Weise mehr richtungsweisend. Wir sind längst an einem Punkt angelangt, an dem es um ein Umdenken geht. Weniger, aber besser.

König: Was empfehlen Sie Unternehmen?

Demmrich: Mir imponieren Unternehmen, die verantwortlich wachsen oder sogar schrumpfen und ihre strategischen Entscheidungen nicht immer nur nach kommerziellen Aspekten ausrichten. Auch in der Luxusbranche führt ständiger Kommerz zu Ermüdungserscheinungen.

König: Vielen Dank.

springer-gabler.de

Verena König
Wie werde ich eine DIVA?
Marketing für junge Modedesigner – Strategien zum Aufbau einer luxuriösen Modemarke
2014, X, 131 S., Broschur
29,99 € (D) | 30,83 € (A) | *37,50 CHF
ISBN 978-3-658-02590-8

Inszenierung einer Luxusmodemarke – Mit zahlreichen Praxisbeispielen

Nur wenige deutsche Designer schaffen es bisher, sich langfristig im internationalen luxuriösen Designsegment zu positionieren, obwohl Mode in Deutschland auf dem Vormarsch ist und zunehmend internationales Ansehen genießt. Angesichts einer weltweiten Nachfrage nach Luxusartikeln aus Deutschland stellt sich die Frage, warum dieses Potenzial nicht umfassender ausgeschöpft wird. Die Gründe dafür sind vielfältig. Ein entscheidender Grund liegt in einem mangelnden Marketing-Know-how.

Weltweit erfolgreiche Modemarken beziehen ihre Faszination aus einzigartigen und authentischen Markenidentitäten. Ihre Begehrlichkeit lässt sich mit der einer DIVA vergleichen, denn wie eine klassische DIVA führt die luxuriöse Modemarke ihre Bewunderer durch Verführung, macht es ihnen nicht zu leicht und biedert sich nie an. Die DIVA ist Leitbild der Identität einer luxuriösen Modemarke. DIVA steht für:

D = Dreaminess – Eine DIVA repräsentiert ein Sehnsuchtsland
I = Inapproachability – Eine DIVA ist unnahbar
V = Vehemence – Eine DIVA hat ihren Auftritt
A = Allurement – Eine DIVA ist die pure Verführung

Verena König leitet aus der DIVA erstmals die Marketingprinzipien zur strategischen und operativen Führung einer Modemarke ab: die Positionierung, das Produktmanagement, das Preismanagement, den Online- und Offline-Vertrieb bzw. die Verkaufsförderung, die Kommunikation (Werbung, PR, Event Management, Social Media) und das Controlling. Sie illustriert, was die Identität von international erfolgreichen Modemarken charakterisiert und wie diese mit Hilfe der DIVA-Methode geführt werden können.

Zur Unterstützung gibt sie zahlreiche Tipps, wie man eine luxuriöse Modemarke aufbauen kann. Zur Veranschaulichung tragen ein Fallbeispiel der französischen Traditionsmarke Louis Vuitton und Interviews mit Hermès, ACHTLAND, Michalsky u.a.m. bei. Deutschlands erfolgreichste Jungdesigner erklären, was sie prägt. Die Anleitung zur Selbstanalyse „Wie finde ich die DIVA in mir?" rundet das Buch ab.

Die Autorin
Verena König ist Professorin für Marketing an der Dualen Hochschule Baden Württemberg (DHBW).

€ (D) sind gebundene Ladenpreise in Deutschland und enthalten 7 % MwSt. € (A) sind gebundene Ladenpreise in Österreich und enthalten 10 % MwSt. Die mit * gekennzeichneten Preise sind unverbindliche Preisempfehlungen und enthalten die landesübliche MwSt. Preisänderungen und Irrtümer vorbehalten.

Jetzt bestellen: springer-gabler.de

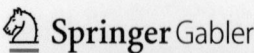

springer-gabler.de

Christoph Burmann, Verena König,
Jörg Meurer (Hrsg.)
Identitätsbasierte Luxusmarkenführung
Grundlagen – Strategien – Controlling
2012, XIII, 340 S., Gebunden
49,99 € (D) | 51,39 € (A) | *53.00 CHF
ISBN 978-3-8349-4059-9

Luxusmarken exklusiv und nachhaltig steuern

Die Führung von Luxusmarken folgt anderen Regeln als die Führung anderer Marken, denn bei Luxusmarken rühren Faszination und Begehrlichkeit aus ihren in besonderer Weise aufgeladenen Markenidentitäten. Diese Markenidentitäten zu kreieren und die Luxusmarke auf der Basis ihrer wesensprägenden Eigenschaften exklusiv und nachhaltig zu steuern, ist ein wichtiger Erfolgsfaktor. Luxusmarken genießen eine ungebrochen hohe Nachfrage, müssen sich aber auch neuen Herausforderungen stellen, wie z.B. Vertrauenskrisen, Social Media, Green Luxury. Renommierte Autoren nehmen Stellung zu den Herausforderungen der Luxusmarkenführung und gewähren aus der Perspektive von Wissenschaft und Praxis hochinteressante Einblicke.

Der Inhalt
- Grundlagen der identitätsbasierten Markenführung
- Strategien der Luxusmarkenführung
- Operative Luxusmarkenführung
- Controlling des Luxusmarkenmanagements

Die Herausgeber
Univ.-Prof.-Dr. habil. Christoph Burmann ist Inhaber des Lehrstuhls für innovatives Markenmanagement und Marketing (LiM®) an der Universität Bremen.

Prof. Dr. Verena König ist Professorin für Marketing an der Dualen Hochschule Baden-Württemberg in Mannheim und zudem Gründerin der Luxusmarken-Beratung MARKEN-KÖNIGIN.

Dr. Jörg Meurer, Vorstand und Managing Partner bei KEYLENS Management Consultants und zudem Lehrbeauftragter für Markenführung und Marketing an der Universität Bremen. Er ist zudem Gründungsmitglied der „Arbeitsgruppe Luxus und Lifestyle" im Markenverband.

€ (D) sind gebundene Ladenpreise in Deutschland und enthalten 7 % MwSt. € (A) sind gebundene Ladenpreise in Österreich und enthalten 10 % MwSt. Die mit * gekennzeichneten Preise sind unverbindliche Preisempfehlungen und enthalten die landesübliche MwSt. Preisänderungen und Irrtümer vorbehalten.

Jetzt bestellen: springer-gabler.de

MIX
Papier aus verantwortungsvollen Quellen
Paper from responsible sources
FSC® C105338

If you have any concerns about our products,
you can contact us on
ProductSafety@springernature.com

In case Publisher is established outside the EU,
the EU authorized representative is:
**Springer Nature Customer Service Center GmbH
Europaplatz 3, 69115 Heidelberg, Germany**

Printed by Libri Plureos GmbH
in Hamburg, Germany